革命文獻與民國時期文獻
保護計劃

成果

革命文献与民国时期文献保护计划成果

重庆电力股份有限公司档案汇编

民国时期

第2辑

重庆市档案馆◎编

唐润明◎主编

學苑出版社

目 录

一、组织章程（续）

二、会议纪录

目录

目录

目录

一、组织章程（续）

重庆电力股份有限公司技工、学徒、小工出勤津贴暂行规则（时间不详）0219-2-196

本公司技工學徒小工出勤津貼暫行規則

（一）本公司技工學徒小工因公出勤支領出勤津貼悉依照本規則辦理

（二）出勤津貼分兩種：一為膳費津貼，一為車費津貼

（三）本公司出勤技工學徒小工分兩種：一為經常外勤技工學徒小工即每日均須出外工作者，一為臨時外勤技工學徒小工即因公臨時被派出勤者

（四）經常外勤技工學徒小工如工務科電務股及業務科用戶股與各辦事處之技工學徒小工一律不得支領車費

（五）經常外勤技工學徒小工如工務科電務股及業務科用戶股與各辦事處之技工學徒小工因公出勤不及回固定地點用膳者得

支領飯費津貼規定如左：

（甲）技工每餐壹元　（乙）學徒小工信蓋每餐洽角

六、經常外勤技工學徒小工飯費津貼由各科室處主管人按照本規則逐日每半月彙由總經理協理核准後交總務科發給

七、臨時外勤學徒小工除事先經主管人允准於外一律不得支領車費津貼

八、臨時外勤技工因公出勤得支領公共汽車費實報實銷如因公共汽車不能達之處所事先經主管人允准始得支領洋車費或輪費實報實銷

九、臨時外勤技工學徒小工因公出勤而不及回固定地點用膳者得支領飯費津貼實報實銷並須以飯店帳單為憑領班每餐不得超過

兩元，技工不得超過壹元伍角，小工學徒待遇不得超過壹元。

（十）臨時外勤技工學徒小工因公被派出勤，由派遣主管人填給出勤證，證上填明日期、出發地、目的地、出發時間等。出勤技工學徒小工公畢返出發地後，應立即繳回出勤證，以憑支領車費、飯費、津貼，在出勤證上填明數目，並將膳費單據經主管人核定後再由該管科室處主管人簽核，發回出勤人憑證領款。

（十一）經常在臨時出勤技工學徒小工不得故意延宕時間，冒領飯費、津貼，超過者除不准支領外，並應受懲戒處分。各科室處主管人有核[illegible]

（十二）各科室處主管人應根據本規則核定臨時出勤技工學徒小工之飯費車費津貼，在本規則未經明白規定之處，由各科室處主管

39-1

核定未經分科主管人核准者不得支款

十三）各科室處應每月造具臨時出勤職員車費飯費津貼表送呈總經理協理核閱

十四）經常及臨時出勤技工學徒小工因公赴江北或南岸或由江北南岸至北岸均得支領渡輪或渡船費而先未經主管人允准者不得報銷

十五）本規則自公佈之日施行

十六）本規則如有未盡事宜得隨時修改之

發文電字第 001958 號

兹修正本公司職員薪津額暫行規程第四條及第九條兩項公佈

總經理劉航琛 廿九年十月九日

修正條文如下：

第四條 經常外勤職員分兩種之津貼，膳費津貼規定如左：（甲）凡每日在一區域内工作者（如業務科之抄表員、收費員、竊電取締組之外勤人員等）每月得支領下列津貼 膳費津貼五十元 車費津貼二十元（乙）凡每日不僅在一區域内工作者（如工務科之監工員、業務科及稽核室之檢驗員、封表員、監工員等）每

月得支領下列津貼，概毋須每月出勤若干。膳費津貼依臨

時外勤職員津貼規則辦理（如有優遴之點，互只不得領車

費津貼）膳費津貼五十元 車費津貼五十元 第九條丙）

凡為公事須要乘搭之處，特照車費或膳費支領津貼，惟出勤

地點在（公里之內者不得支領車費或膳費津貼，惟因工作關

係不在固定地點用膳者得支膳費津貼

秘書處於十月十六日宣發文2028號飭又修正頒

重庆电力股份有限公司职员出勤津贴暂行规则（时间不详）0219-2-196

140

本公司職員出勤津貼暫行規則

（一）凡本公司職員因公出勤支領出勤津貼，悉依照本辦法辦理。

（二）出勤津貼分兩種：一為膳費津貼，一為車費津貼。

（三）本公司出勤職員分兩種：一為經常外勤職員，即每日均須在外工作者；一為臨時外勤職員，即因公臨時被派出勤者。

（四）經常外勤職員分兩種，車費膳費津貼規定如左：

（甲）凡整日在一區域內工作者（如業務科之抄表員及查費員、總務科之收電費員等）每月得支領下列津貼：

膳費津貼叁拾元

車費津貼貳拾元

（乙）凡整日不僅在一區域內工作者（如工務科之巡查員、業務科及分辦

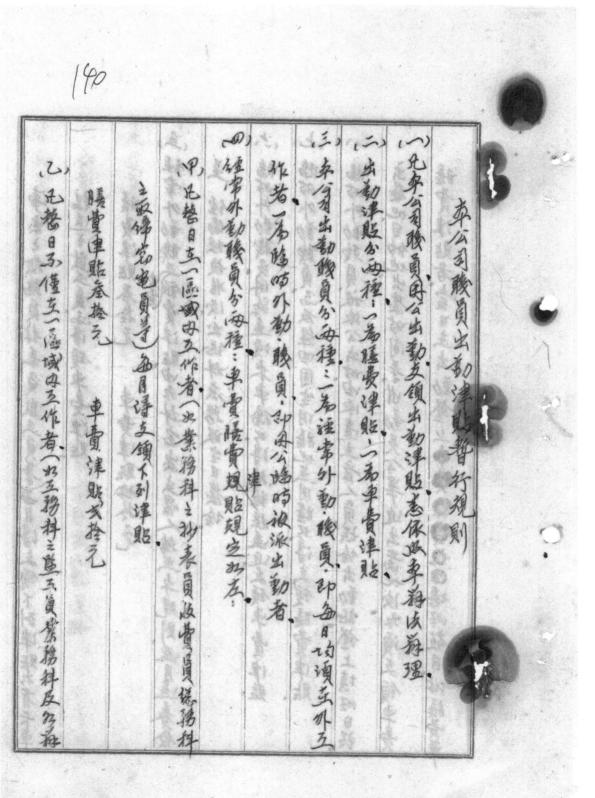

事安之檢驗員、技術員、監工員等，每月得支領下列津貼，如有卡車接送之監工員不得領車費津貼。

膳費津貼叁拾元　車費津貼伍拾元

（五）經常外勤職工（車費）飯費津貼由各科室主管人按照本規則，逐月造表會呈經協理核准後，交總務科庶務股定日發給。

（六）臨時外勤職員因路途遙遠須乘車輛者，得按路程遠近支領車費津貼。

（七）臨時外勤職員不及歸回固定用膳地點用膳者，得支領膳費津貼。

（八）臨時外勤職員被派公出時，由派遣主管人員填給出勤証，證上填明日期、出發地、目的地、出發時間等，出勤員公畢返出發地後，如須支領車費、膳費津貼者，當日在出勤證上[illegible]填明數目，附膳費單複核由主管人員[illegible]核之後再由林安宇主管人簽核發由出勤人員逕證領款。

九、臨時外勤職[我]員之車費飯費津貼規定如左：

甲、膳費津貼應實報實銷，并須以飯店賬單為憑。工程師股主任以上職員每餐不得超過叁元，工程師股主任以下職員每餐不得超過兩元。

乙、凡職員臨時被派因公出城進城或至小龍坎沙坪壩地[坪]，其車費津貼數目按照公共汽車車價支領。

丙、凡無公共汽車乘搭之處，得按[洋]車費或轎費支領津貼，惟出勤地點在一公里之內者不得支領車費或轎費津貼。

丁、凡乘公司卡車出動工作者，不得支領車費津貼。

戊、凡乘搭公共汽車或公司卡車尚不能達到之地點，其後段車費津貼得照本條丙款規定支領，惟離公共汽車站在一公里遠近者，不得支領洋車費或轎費津貼。

十、臨時出動職員不得故意延長時間，冀領飯費津貼，違者除不准支領外，並應受怠職處分，各科室主管人有核奪權。

十一、各科室主管人應根據乘車規則核定飯費車費，在本規則未經規[illegible]規定之處由各科室主任核奪，未經各科室主管人核准者不准支領。

十二、各科室應每月造具臨時出勤職員車費飯費津貼表，送呈

142

經協理核閱、

十三、經常及臨時出勤職員、由公司至江北或南岸、或由江北或南岸至北岸、均得支領渡輪或渡船費、但事先未經主管人允准者、不得包船、

十四、本規則自公佈之日施行

十五、本規則如有未盡事宜得隨時修改之

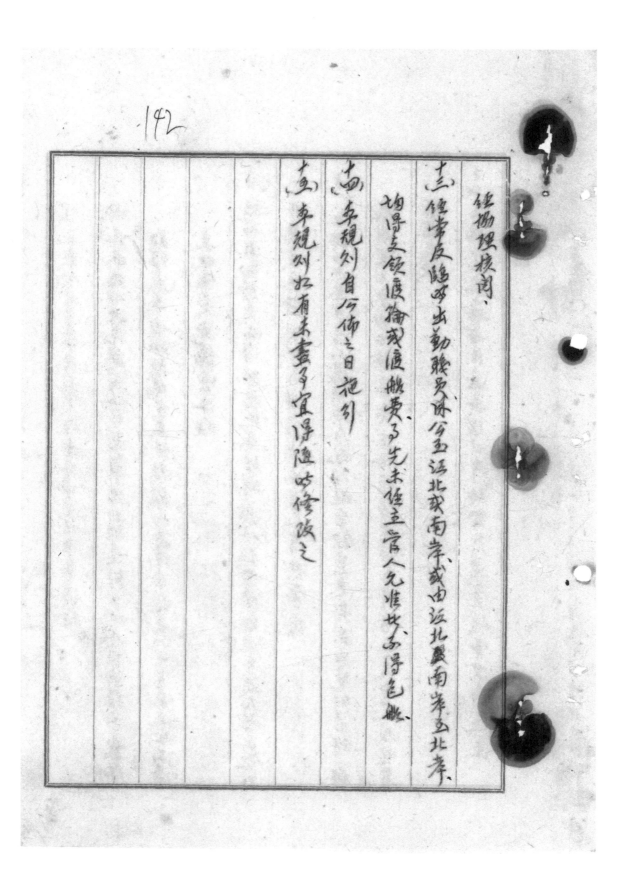

查二十八年十月二十一日第五十四次董事会通过本公
司职员出勤津贴暂行规则及技工学徒小工出勤津贴暂
行规则现应修改之处业经拟将修正条文公布於后

总经理刘航琛

协理程本臧

A 职员出勤津贴暂行规则第二条第三条修正

以总分公司职员分每级膳费随带津贴规定如左

凡在总分公司一区域内工作者（如营业科之抄表员收费员）每月得支领下列津贴

膳费津贴伍拾元

总经理刘航琛、协理程本臧关于重庆电力股份有限公司职员、技工、学徒等出勤津贴暂行规则修正条文的布告
（附暂行规则）（时间不详）0219-2-196

車費津貼每名叁拾元由業務科按月按人數領取交收
費按表每段依出勤遠近分配月終報銷城區沙坪壩
沙坪埧就開會來回車費得照實支另行報銷
乙、凡整日不僅在一區內工作者（如工務科之監工員、業
務科及各辦事處之檢驗員、封表員、監工員等）每月得
支領下列津貼如有卡車接送之監工員不得領車費
津貼
膳費津貼伍拾元　車費津貼柒拾元
（九）臨時出勤職員之車費、飯費津貼規定如左
甲、膳費津貼應實報實銷工程師股主任以上職員每餐

不得超過伍元工程師股長級以下職員每餐不得超
過叁元半

附夜工學徒小工出勤津貼暫行規則（三十年五月修正）

（八）經常外勤夜工學徒小工如工務科總務股及業務科供應
户政與各稽查處之夜工學徒小工因公出勤不及回固
定地點附膳者得支領飯費津貼規定如左：
（甲）夜工每餐壹元半　（乙）學徒小工伙食每餐壹元
（九）臨時外勤夜工學徒小工因公出勤不及回固定地點附
膳者得支飯費津貼實支實銷但每餐不得超過叁元
夜工不得超過貳元伙食小工學徒伙食不得超過參
元

（完）

重庆电力股份有限公司职员出差旅费规则（时间不详） 0219-2-45

33

33-1

擬已十八號

重慶電力公司職員出差旅費規則

第一條 本公司職員因公出差在市區範圍以外（不能一日往返）者，其旅費支給悉依本規則之所訂。

第二條 本公司職員因公出差支給旅費標準如左：

職別	膳宿費（每日）	火車費	船費	肩輿費	雜支	備考
總協理						實支實報
科長及主任工程師	式拾伍元	頭等	官艙	實支實報	實支實報	
主任技術員科員及練習班	式拾元	二等	房艙	同上	同上	
小工茶役	拾伍元	三等	統艙	同上	同上	

（表內膳宿費視出差地點，如在出差所在地係住宿，得酌減其膳宿費之標準）

第三條 上表所列車費如係經過公路交通機關之所訂

33-1

肩輿費及雜費實支實報。

第四條　主任工程師以上出差如因緊急事務經事務經理總經理協理核准得乘坐飛機但須取具列報。

第五條　職員奉派出差在出差前應造具旅費預算表經核准後得借支旅費一部俟公畢返公司時按照規定實報實銷。

第六條　職員奉派出差報銷時應依式造具出差旅費報告單報請核定審核。

職別	姓名	起訖日期及地點	膳宿費	車費	船費	肩輿費	雜支	合計	備考

第七條　職員出差每週應造具工作報告呈報經理室以憑查核其格式如左。

74

日期	地点	工作事项

〇〇〇填报

第八條 職員出差公畢即應返公司復命不得隨意逗留。

第九條 本規則經董事會核准施行。

第十條 本規則如有未盡事宜得隨時提請董事會修改之。

64

重慶電力公司包燈供電暫行辦法

一、電力公司為便利軍政機關用電及兼顧重慶市加強管理用電暫行辦法之實施起見，茲對於軍政機關及其官員宿舍住宅特訂包用電燈（以下簡稱包燈）辦法。

二、適用本辦法之軍政機關如左：

（甲）重慶綏靖公署及其附屬機關　（乙）重慶市政府及其附屬機關

（丙）空軍第五軍區司令部及其附屬機關　（丁）警備司令部

（戊）內政部警察總隊　（己）聯勤總部川東供應局

（庚）憲兵第二十四團

上列機關用電以電力公司現有輸電線到達區域為限，如在擬縮小供電之區域內者，將來實行時，電力公司得停供其電流。又如電力公司在任何區域實行總表制時，則該區域內之上列機關或其官員應取消包燈制而併入總表內用電。

三、包燈所需接戶材料應由自備，電力公司並得照章收取接電費及包燈押本費。

四、包燈用電度數及電費之計算其標準：

1. 包燈用電（每日自下午五時起至次日上午八時止）按每月二十日每日五小時計算

2. 用電設備瓦特數之計算標準

(甲) 用戶所用燈泡照瓦特計算（最大一百瓦特最小以五十瓦特為限）

(乙) 五安培插座每只照一百瓦特計算

(丙) 吊扇每只照一百瓦特計算

3. 按照每月用電度數之公式如下：

$$\text{每月用電度數 KWH} = \frac{\text{用電設備瓦特數(W)}}{1000} \times 20(\text{天數}) \times 5(\text{小時})$$

4. 每月電費為每月用電度數乘當月第一級電價

5. 如因機炉線路或其它變故發生故障致用電日數不足二十日時用戶不得以任何理由要求減少電費俟電力公司設備增加供應正常每月用電日數仍以二十日為標準

6. 包燈用戶不得有左列情事

(甲) 用電燒水煮飯及取暖　(乙) 私行增加燈泡或插座　(丙) 換用大燈泡

(丁) 不在規定時間內用電　(戊) 白天用電　(己) 接雙火線用電

用戶如違反以上規定由電力公司呈報主管當局照重慶市加強管理用電暫行

65

辦法處理

六、包灯户如需增裝或減少用電設備時應先至電力公司辦理更改手續（換用電保証書及其下）俟此項手續完備後始得更動其用電設備於每月十五日以前已完備更改手續者其當月電費依據更改後之用電設備計算在每月十五日以後完備更改手續者當月電費仍依據原有用電設備計算

七、包灯用户申請用電應由服務機關於報驗單上加蓋印章以證明並須由服務機關或服務機關內之第二級單位保證如由商號保證須按電力公司表灯規定办理如由服務機關或服務機關內之第二級單位保證時其保証事項以下列二者為限、、

1、凡包灯户離職時保証機關或單位須於離職前一週通知電力公司自行於一週內清理該户電費逾期即不負責

2、凡包灯户如對應繳納電費有延繳拒繳短繳等情事時由電力公司將其用电线剪斷不再供電以後保証機關或單位即不得再為該户向電力公司申請用電

3、凡包灯户如有代他人包灯或從中圖利等情事時仍照上項办法办理

八、包灯户電費於月終結算新用户在月半以前接线供電者按全月計費在月半後接线供電者按半月計算

九、色灯之每月用電電費由電力公司逕向各用電户收取

十、在本辦法公佈以前原有表灯户不得申請遷移過户後改為色灯户

十一、電力公司如認為某特定區域應一律行使色灯制或總表制時表灯户不得拒絕拆表

十二、色灯户由電力公司製發號碼牌釘於門首以資識別並發給户卡

重庆电力股份有限公司临时维持委员会组织规程（时间不详） 0219-2-117

29

重慶電力公司臨時維持委員會組織規程

第一條 本公司為加緊抗建應付非常組織臨時維持委員會

第二條 本會由本公司董事會推舉董事七人組織之

第三條 本會之職責如左

(一)謀收支之平衡

(二)籌復廠之計劃及所需之資金

(三)訂定員工之待遇與名額

(四)請求稅捐之減免

(五)其他重大興革事項

第四條 本會每星期四中午十二時在本公司開會一次

第五條 本會開會時由到會委員推定委員一人

為主席

第六條　本會開會時總協理應參加會議

第七條　本會得以事務之必要調用公司各部份之人員

第八條　本會經董事會認為已無必要時撤消之

第九條　本規程經董事會議决實行並報主管機關備案

重庆电力股份有限公司职员福利委员会组织章程（时间不详）　0219-2-34

重慶電力股份有限公司職員福利委員會組織章程

重慶電力股份有限公司職工福利委員會組織章程

第一章 總則

第一條 本會為增進職工福利特遵照部頒職工福利委員會組織規程並參酌本公司之實際情形組織之。

第二條 本會定名為「重慶電力股份有限公司職工福利委員會」

第三條 本會會址設於重慶電力股份有限公司總公司內

第二章 權利與義務

第四條 凡本公司職工均有遵守本會會章、按期繳納福利費及履行本會決議之義務、

第五條　凡本公司職工均得享有本會一切福利設施之權利。

第三章　組織及職權

第六條　本會由公司指派代表一人職工各選出代表九人組織之除公司代表外任期一年連選得連任

第七條　前條職工代表之選舉辦法由本會另訂之

第八條　本會設主任委員一人由公司代表担任處理日常事務設稽核一人由主任委員就委員中遴任之負責辦理本會一切財務收支之稽核事宜

第九條　本會由公司代表一人職工各相互選出常務委員

档号：046

四人共九人組織常務委員會依照本會之意旨及決議負責推動一切經常會務

第十條　本會之職權如左：
一、關於福利事業之計劃審議及督導推進事項
二、關於福利基金之籌集保管及運用事項
三、關於事業經費之分配稽核事項
四、關於收支預算決算之審查及公佈事項
五、關於人事任免調遣及獎懲之核定事項
六、其他有關職工福利事項

第十一條　本會設職工福利社為本會之業務執行機構遵照

本會之決議負責辦理一切福利事業

第十二條　職工福利社設總幹事一人副總幹事二人由本會聘任秉承本會之意旨綜理一切社務社內分設總務文教供應康樂會計五組每組設主任幹事一人幹事雇員若干人除會計組主任幹事請由公司派任外由常務委員會決定主任委員具名聘任之

第十三條　職工福利社所屬員工以就公司現有職工中聘任為原則但必要時得請由公司專派充任之

第四章　會務

第十四條　總務組辦理文書保管事務交際及其他一切有關

事宜

第十五條　文教組辦理學術進修子弟教育及其他一切文化事宜

第十六條　供應組辦理一切職工生活必需物資設備之供應及分配事宜

第十七條　康樂組辦理一切職工之衛生娛樂及業餘生活之改進事宜

第十八條　會計組辦理收支登記及預算決算之編制事宜

第十九條　職工福利社之事業計劃及辦事細則另訂之

第五章　會議

47-1

第二十條　本會每月召開常會一次但必要時得由主任委員或常務委員會之決議或經委員二分之一以上人數之請求召開臨時會議

第二十一條　常務委員會每週召開一次但必要時得由主任委員或經常務委員三分之一以上人數之請求臨時召集之

第二十二條　本會常會臨時會常務委員會均以三分之二以上委員之出席出席委員半數以上之同意行之

第六章　經費

第二十三條　本會福利基金之來源如左：

一、由公司就資本總額提撥百分之五

二、由公司每月比照職工薪津總額提撥百分之五

三、由各職工於每月薪津内扣繳千分之五

四、公司年終結算有盈餘時由公司就盈餘項下提撥百分之五

五、公司廢料變賣時提撥百分之二十

六、董事會臨時撥交運用之基金

第二十四條　本會基金存本會決議指定銀行

第二十五條　本會賬目每月月終結算并揭示公佈

第七章　附則

48-1

第二十六條　本章程經委員會通過并呈准主管官署備案後施行

第二十七條　本章程如有未盡善事宜得由委員會決議增改并
呈報主管官署備案

重庆电力股份有限公司营业章程（时间不详） 0219-2-70

重庆电力股份有限公司营业章程

第一章 总则

第一条 总则 本公司一切营业均依照本章程办理之。

第二条 营业种类 本公司营业，计分三种如左：

甲、供给电流

一、电灯 凡以电为照明者均属之。

二、电力 凡以电为原动力之用者均属之，但以电动机拖动发电机以照明者，或另于电灯计费之电表者，或其原动力不足一匹马力者，或以单相电力充电者，均应以电灯计算。

三、电热 凡以电为烹饪、取暖、融焊、炼冶、烘焙及其他发热之用者均

戊、唯是设备不足一千瓦特者，仍照电灯计算。

四、太阳灯、爱克斯光、电风扇、放映机等，不论容量大小，概照电灯计算。

乙、设计及装置特种电气设备。（筹备就绪再分别办理）

丙、出租电气用具（筹备就绪再分别办理）

第三条 供电 本公司日夜供电，唯对于左列特殊情形，概不负停电之责任。

甲、因用户使用不慎，致肇灾患而致停电者

乙、因意外事故而致停电者，

丙、因工作之必要，无法避免而致停电者

丁、凡因工作之停电，时间在六小时以上者，先经登报公布

第四条 计度 本公司对于用户用电，除另有规定外，均以电度表计度收费。

第五条　特殊用電設備：用户凡有特殊用電設備，經本公司認可後，得另訂專用電合同。

第二章　供電方式

第六条　供電方式：本公司供電方式，為三相交流五十週波，輸電高壓，暫定為一萬三千八百伏，配電高壓，暫定為五千二百五十伏，配電低壓，規定為三相三百八十伏，單相二百二十伏兩種，凡有特殊用電情形，經本公司認可者，得用其他電壓。

第七条　單相電力：電力用電，其裝見馬力不足一匹者，得用單相，一匹以上者，限用三相。

第八条　起動設備：電動機在十匹以下者，得用鼠籠式，超過十匹馬力者，須用滑圜式，或用其他式樣之電動機，須得公司之同意，五匹馬力以上之電動機，須裝置適當之起動設備，如單捲降壓起動器或Y△開關等，須使在標準電壓下之起動電流，不致超過其全負荷電流之二倍半

第三章 立桿放綫

第九條 請裝放綫 凡用戶請求供給電流，因距離本公司綫路較遠，必須添桿放綫，方能接電者

甲、應事先向本公司業務科用戶股，或分事務處，填寫植桿放綫申請單，經本公司派員查勘認可，並估計材料及工價後，當以「可能植桿放綫」通知單送交請戶，請戶應於一月內持該單到本

24

六、用户应缴收费接户杆线补助费

乙、倘用户工程困难，或无材缺乏，无从植杆放线附近，以下不另依植杆（得按照电司之请求）

放线通知单，由用户处

第十条　杆线补助费：甲、本公司收取接杆费，规定如左：

凡接杆根数有不合收费者，如在一根以上者，则照后表征收

接杆根数	收费
二	壹拾四元
三	二十八元
四	四十四元
五	六十二元

装线期中照旧办理

情形临时规定处理

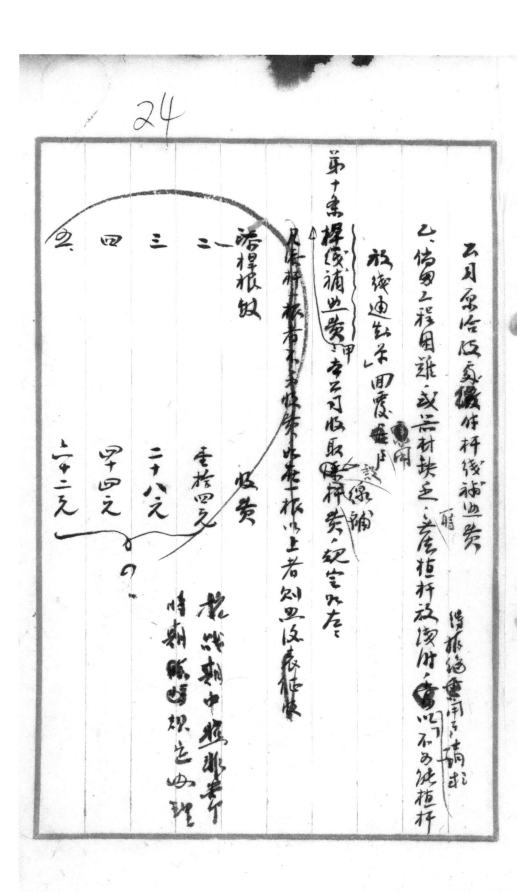

一項規　如上條杆以供應線為單相、三相均係電線，應掛電線及另件，係用以上杆在五根以上

或須添設高壓線時，須經本公司另行估計後，按照所估價值收取數

第九條之

本公司電杆所到之區，倘無適當條件設備以供用戶接用者，其請求設

線本取費在本章第九及第十條中規定辦理、

乙

丙、在添杆放線地段內，如有多數用戶同時請求供電者，其杆線補助費

應由用戶自行攤付，而以最先請求者負担

發第九條之項、

丁、本公司對於用戶之工程上施工困難或材料缺乏時，得暫時拒絕為之添

杆放線之請求

二、第十一條　線路資產權　及其之業權

本公司所添設之杆線，雖經用戶繳付杆線補助費，但其

线路资产所有权及与之有关之物权均归本公司，且供电线路附近各户请求接用电流时，其已缴付补助费之用户，不得藉故干涉接电。

第四章 屋内线路装置

第十二条 内线装置　用户内部之电气装置，应由重庆市政府注册之承装电气商店办理，其他特别装置经本公司认可者，得由用户自行办理，或由本公司代办。

第十三条 装置规则　本公司检查用户内线，除遵照国民政府中央建设委员会所颁之「屋内电灯线装置规则」及「电力线装置规则」办理外，并适用重庆市政府颁布之「电气装置取缔规则」之规定。

凡用户内线装置，如不按照本章程第十二条之规定装置

者本公司得拒绝接受办理

第十四条 请用承装商店取缔办法：用户与请用之承装商店间，如有发生争执或请用承装商店不合规则时，均适照实业厅所订「承装商店请用及取缔章程」办理之

第五章 [redacted]检查手续

第十五条 报装检验 用户于屋内线及装竣后廿二[redacted]查验手续如左

甲、经由承装商店或用户本人填具装表请验单，向本公司各营业股窗户请[redacted]，本公司收到报装请验单后，当于最近期内派员前往检验，如检验合格，即以「检验合格通知单」交与用户，用户可于一月内持该单并随带单上填明之「电度表押金」「电费

26

保证金」「接电费」等应缴款项及用电契约（已有接户线补照费并须同时缴纳」前来本公司营业科用户股或分办事处缴付取据。本公司当在收费后二日以内派工装表接电（偏远、天雨、例假或其他意外事变发生时，不在此限）

乙、此检验不合第十三条规定时，即由检验员填给「改正通知单」与用户，用户可照单上指明各点，饬承装商店分别改正。改装完工后，即付该单前来报请复验

丙、复验时，如尚未改正，或虽已改正而仍不合格时，则须二次改正后再行报请复验，须至检验合格为止。报请二次或二次以上复验时，每次应由承装商店缴付复验费。

丁、凡用戶如未經向本公司裝有電燈表者，得拒絕單獨供給電力或電熱

第十六條、接戶線　用戶供電設備之接戶線，係用戶附近電杆起，至用戶電度表止，由本公司設置之，電燈用戶，每戶接戶線以一百五十市尺為限，鉛皮線以二十市尺為限，逾限應由用戶補助，另行開帳收費，電力用戶照上列數量加倍供給

第十七條、「電度表押金」「電費保證金」及「接電費」　電度表由本公司供給，其種類容量，由本公司依照裝置電器之種類及用電量決定之，其應收之「電度表押金」「電費保證金」及「接電費」等數目列表於後

附表

27

第十八条 临时用户 用户临时电灯用电，得装用临时电度表，时期至多以一月为限，所有押金、保证金及接电费等，均照章程第十七条之规定加倍缴纳

第十九条 供电设备之保护 本公司装于用户处内之电流电度表暨其他财产，由用户负保护之责，如有损坏或遗失，均照第赔偿

第六章 换表、迁移表及过户

第二十条 换表 用户于装用电度表后，其换表手续如左

甲、用户如变更电气设备，须更换较大或较小之电度表时，应于改装之后，随带印章，亲来本公司各区营业股分填

具「改表声请单」，批准改表，经本公司派员检验认可后，当以「可能改表通知单」交与用户，用户可于一月内持该单及原缴电度表押金与电费保证金收据，到本公司营业股，为补缴或退还应缴新电度表押金及电费保证金，并换取新收据，并须照缴换表费

乙、如经本公司派员检验，认为不可能时，当以「不可能改表通知单」交与用户

丙、各项改装用户变更电器设备，声请换表，在本公司派员检验，或拆换电度表时，如发觉原装于用户处之接户线设备暨电度表等，有损坏情形，应照市价赔偿

28

第二十一条 迁移

甲、用户如须将电度表由甲地移至乙地，其原地之电度表，应先来本公司用户股或各办事处填具「撤表」声请单，声请停电拆表，其新地接电手续须依照本章程第十五条规定，作新用户装表办理。

乙、如用户新地急需用电时，用户得声请「加急迁移」，本公司当于接受请求后，派员检验用户新地屋内电气设备，一经检验合格，用户即可持检验合格单及原缴电度表押金与电费保证金收据，前来本公司原营业股处缴付各费（加急迁移接电费加倍），本公司当于次日（如遇大雨、例假或其他意外事变时不在此限。派工折表裝表。

丙、用戶不得藉口需用過急，自行折表或雇工私自折遷移挪，其

自行折裝者，一經本公司查覺，即以不合章程辦理之，即

將其電表拆回，停止供電，並不退還原繳之電度表押金

及電費保證金。

第二十三條 移表

甲、用戶如須於同一屋內，將電度表自甲處移至乙處者，應來先填

具「屋內移表請求單」聲請移表，本公司當核准接受聲請後，

派員檢驗，如認為合格，即以「可能移表通知單」交與用戶，用

戶可於一月內持該單到本公司照給免收各項附移表費，照

加添材料者，其材料补贴费，应同时缴付）本公司于收费后二日内，
（如遇天雨例假或其他意外事变时，不在此限）派工移表，如认
为不便移表时，应以「不可能移表通知单」交与用户

第二十三条 校表，本公司装出电度表，每隔二年按户轮流换校一次，除

甲、照规定之定时校表外，用户如认为所装电度表，有不准
确时，可随时缴纳校表费，并填具「校表申请单」，请求校验，除
单相电度表本公司得派员在用户处校验外，三相电度表，皆须
拆回校验

乙、其校验之标准，系依照国家中央建设委员会法定标准，快慢在百
分之二以内者，即认为准确，快慢在百分之二以上时，即按校验结

果之快慢，退还或补收最近一個月之换装新表日以電費之差額，並退还检表费。

丙、電度表发生损障，无法计算電度时，应照最近三個月平均实用電度，计算当月電费。其装表未满三個月者，应照开電后各月实用電度，平均计算電费。其装表未满一月者，应照换表後一個月内每日用電平均度数按日計算之。

第二十四条 過户 用户如欲將所装電度表过讓他人使用時，應由承继用電之新用户，會同原用户携带保证金与押金收据及印章来本公司各營業所填具过户声请单，并结清電费，办理过户手续。並须纳过户手续费。否则原用户如有欠费，應负赔偿及其他一

30

卸責任，概由該戶負責，但機關學校團體及部隊並不得過戶於普通用戶

第七章 電價

第二十五條 電價 本公司收取用戶電費，概遵照經濟部最近核定價目及其調整辦法辦理之

所核定電價表另附詳表

第二十六條 底度 用戶裝用電表（限），不論用電與否，每月須照最低底度繳付電費，超過底度者，照實用電度計費，茲就底度規定如左

甲、電力用戶底度，按照裝置馬力數，以每月每匹廿五度為底度，用

電不足底度時，照底度計算，超過底度時，照實用度數計算。大量電力用電，得商請本公司業務科另訂用電合同。

（乙）電灯底度依照裝用電度表容量大小規定之，各種大小電度表，每月底度規定如左

電度表安培數	每月底度
一·五安培	二度
三安培	四度
五安培	八度
十安培	十六度
十五安培	二四度

31

二十安培　三三度

三十安培　四八度

五十安培　八十度

一百安培　一六〇度

丙、電扇以五安培為最小電度表容量，其用電底度與電灯同

丁、暖射用戶以三安培為最小電度表容量，所用電度，照第二十五條所規定之電價計算，其底度則照本條乙項之規定加倍計算

第八章　抄表收費

第二十七條　抄表

甲、本公司每月规定日期，派员至用户处抄表一次，计算电度，并将所用电度，记载于抄表纪录卡片上，以便用户随时核算，各旅馆、饭馆、茶楼、戏院，及其他公共娱乐场所，本公司得酌量情形，另订抄表收费办法

乙、本公司按照规定抄表日期，派员分赴各户抄表，如遇门户锁闭，无从抄录时，由本公司发函约期抄表，如仍无法抄录，或值期内无电度出时，即派工务员估算，并邀同邻户或警务保甲人员作证，将所用电度表，照其表上所指示之电度，仍须计费追偿

第二十八条　收费

甲、本公司于抄表后，定期派员持正式收据，分向用户收取电费

32

如用户当时未能照付，由该收费员通知用户准备应付数目，三日後由公司再派员催收电费。

六、用户电费须一次付清，并须取得正式电费收据为凭，如未取得正式收据或由收费员给予临时收据者，概作无效。

第二十九条 催费 用户应付电费经催收仍未付齐时，由本公司寄发催费通知单，限於寄发之日起三日内至本公司指定地点缴付电费。

第三十条 催费剪线 用户如不依催费通知单所限三日内付清电费者，本公司即于第四日派工剪线拆表，并追收欠费。

第三十一条 欠费剪线後 欠费剪线拆表之用户，欲复用电时，应按三日内来公司缴清欠费并纳复电费，同时填具复火申请单（其复电费与第十七条规定之接电费同）方能派工接线继续供电使用，否则即作新户拆表办理

第九章 拆表复电

第二十二条 复火（电） 为用户原有电表，设备，经本公司拆表后，复请求复火时，应照新用户办理

第二十三条 拆表 用户请求拆表，应于事前三日，随带印章到本公司各营业股，填具「停电拆表申请单」，方能照办。

第十章 挂失补接追费暨修理

第二十四条 挂失 用户如将电费保证金电表押金收据遗失，应先来

33

本公司填具「挂失声请单」挂失止兑，随觅殷实铺保，签具本公司制发之挂失补发保单，并须登报声明，照缴挂失手续费，经本公司对保查实后，即照原缴金额补发收据或退费。

第二十五条 退费

甲、本公司制发用户之电费保证金、电度表押金，非经拆表，概不退费。

乙、用户停用电流，如已将电费付清，并无赔偿者，得将拆表凭证、保证金押金及已付之最后一月电费收据，来本公司结存户数当费，领回保证金与押金，如有欠费，或损坏电度表及接户之材须负责赔偿者，即以所缴保证金押金抵偿之，不足则追偿。

丙、用户拆表后，如逾期一个月，尚未携保证金押金收据来本

前述費者，該接户作之數

第三十六條 修理

甲、用户屋內之電氣設備、導綫及其他材料，如有腐壞漏電等情形，本公司得通知用户限期修裝，如逾時不理，即行停止供電

乙、用户屋外接保險絲熔斷時，用户應即時通知本公司免費修理。至於屋內電氣設備有損壞時，用户應自雇承裝之匠修理之

第十一章 附則

第三十七條 凡有特種用電情形，可向本公司接洽商議，另訂辦法

34

第二十七条 用户如增加或改装电气设备，应由承装商店办理完竣后，填具请装或改装声请单，报请本公司派员查验，如未经核准，而与公司计算电费价格有关者，不论何时，倘查出擅自装或改装者，均应自查明之日起补算电费一年，其装表不满一年者，自装表之日起计算。又不得将表内电线转接毗连之其他房屋，或转售电流与他人使用，否则本公司得停止供电。

第二十八条 本公司员工在用户处工作或检查时，均佩带徽号证章及外勤服务证，用户不得托辞拒绝及阻碍其工作任务。

第三十九条 本公司处理窃电案件，均遵照国家中央建设委员会所颁之

「电气事业人管理实施规则」及军政部军事委员会通政委员会内政部会颁之「取缔军警政机关部队及其所属人员强用电流规则」办理

第四十条 本公司出租电器，另订章程办理之

第四十一条 本公司材料杆线被盗窃之损毁，因当时材料价格涨落不定，影响至巨，依据第三十七条规定办理，应照市价估计工料损失七折收取

第四十二条 用户供电设备之接户线，在战时若材料缺乏，电价不敷成本不能适用本章程第十六条规定时，得要求用户全部自备或全部补助由本公司装置之，但其所有权，仍属本公司

35

第四十三条 本公司为战时节用电流起见，对电价计费得规定分级
累进，并呈主管官署核准施行

第四十四条 本公司电度表因战时缺乏不能供给时，得由用户自备作
为补助费之代收，其所有权应属本公司

第四十五条 本公司发电量因受战时影响，不足供给时，得于需要时或
临时分区停电

第四十六条 电度表押金、电费保证金及接电费数目，在战时材料价
格涨跌不定，不符本章程第十七条规定时，得随时按照数目，呈准
主管官署核准公布

第四十七条 本公司以战时节用电流，用户装用之电度表，不能擅放以示

換太

第四十八条 本公司財產便宜之權宜、得投資於物價指數、隨時買收或賣

出或保管於安全之所

第四十九条 本公司之（本公司營業）用之帳簿之會計年度、以本省財政年度（又按下開…）、應由用責查核（…）終止

第五十条 本章程經本公司董事會審議議決、呈報經濟部及臺

廣東政府備查後、公佈施行、修改時亦同

重庆电力股份有限公司处理窃电规则（时间不详）　0219-2-243

倫文呈請
事會決議九

重慶電力股份有限公司處理竊電規則

第一章　總綱

第一條　本規則係遵照中央建設委員會公布取締竊電法規內之各項規定擬定呈請四川省政府暨重慶市市政府核准，并轉請備案存查。

第二條　本規則適用于本公司營業區域範圍以內，并由本公司負有執行本規則之當然職務。

第二章　檢查

第三條　本公司為維持營業，杜防竊電起見，得派員隨時攜帶檢查憑証，至營業區域內各綫路所經之地，及用電處所，實施檢查。被檢查戶，及用電人，不得藉詞拒絕；但檢查員亦不得稍有不合法之行動。

「註」前項檢查憑証，由本公司特製樣式，並呈請市政府登記公佈之。

第四條　凡有左列行為之一者，為竊電：——

(甲)未經本公司之許可，在本公司所敷設綫路上拉綫接電者。

(乙)繞越或毀壞電度表，紊亂表綫，或破壞表外電綫，取用電氣者。

2.

（丙）阻滞或擾乱電度表準確之表示，以图减少应繳電费者。

（丁）故意損壞，改動，或偽造本公司所置之表件設備，或表外保護物之封誌或封印，以取用電氣者。

（戊）在電価較低之綫路上，私接電氣器具，取用電氣，而按照本公司定章，是項電器用電，應列入較高電価者。

（己）不向本公司直接購電，而用他人購用之電，以窃來電氣者。

（庚）其他以竊電為目的之一切行為。

「註」右第三款至第五款，如表件不在用戶保管範圍以內者，用戶不負其責。

第五条 凡竊電者，經查獲實據後，本公司除得依法起訴，及向其追償電費外，並得于必要時，呈請地方主管機關，或高級機關處理之。

第六条 本公司派員施行檢查，于必要時，得通知當地團警，或地方首人協助之。

第三章 處罰

第七条 凡有竊電嫌疑者，如恃強拒絕檢查，或竊電

3

人未照本規則繳足應償電費時，本公司得停止供給其所需用之電氣，并呈請法院，地方主管機關，或高級機關，執行其法律上應負之一切義務。

第八條 追償非用戶竊電者電費之標準如左：

(甲)私裝電灯，以查見灯泡之瓦特數，照每日晝夜燃用時間計算，追償電費一年。

(有燈座而無灯泡者，以二十瓦特計算；有綫頭而無接綫者，作一百瓦特計算。)

「註」風扇以每日晝夜用電時間計，每年照六個月计算之。

(乙) 私装电动机，以查见所装马力，按照电力价格追偿电费一年。电动机每日使用时间，依工作性质，分需时间定之。

注「电热用具，以每日使用十二小时计算，追偿电费一年；但电气煖炉，以每年六个月计算。

(丙) 接用其他电器者，得依上项规定，分别性质追偿之。

第九条 追偿用户窃电者电费之标准如左：

(甲) 犯第四条(乙)(丙)两项之窃电行为者，按照接表以来用电最多之一月计算，追偿电费一年。

4.

（乙）犯第四条（丁）项之窃電行为者，按照接表以来用電最多之一月計算，追償電費一年。

「註」但於無意中損壞，而立即通知本公司修理者，不在此例。

（丙）犯第四条（戊）项之窃電行为者，按照所装瓦特，及兩價之差數累積計算，追償電費一年。

「註」但曾經事前通知本公司，得有書面允許者，不在此例。

第十条　凡因窃電，致有妨害公安，或損壞本公司財產之結果者，除照前条各项办理窃電之規定，追償電費外，并得依法訴請追償本公司財產及其他一切損失。

第十一條　凡窃電者，如指出實施窃電工事之人，而經證實者，得減免其追償電費部份百分之五十。

第四章　獎勵

第十二條　凡本公司職工，如發現用戶或非用戶，有窃電行為及實證者，應即報陳公司，于查獲後，除由主管人員，酌量情形呈請登記，至年終攷績時併入工作成績辦理外，並得享受追償窃電者賠償電費數目部份，劃出獎金之優待

第十三條　凡外界人士，如發現任何用户或非用户，有竊電行為及實證者，可向本公司告密，本公司應即派員檢查，于查獲後，可享受追償竊電其賠償電費數目部份，劃出獎金之優待。

第十四條　凡因查獲竊電用户，或非用户之本公司職工，及有關告發之外界人士，盡量協助執行檢查之職務者，均有享受追償竊電人賠償電費數目部份，劃出獎金之優待。

第十五條　凡因告發竊電用户或非用户，而不願出名者，本公司得絶對保守其姓名之秘密。

第十六条　凡查获用户或非用户窃电证据时，本公司应得当地值班团警或地方首人之证明签字或盖章，并仍有享受前项奖励之优待。

第十七条　本公司查获窃电者所追偿电费收取之金额，以百分率分配之，得依左列规定分配之：

（一）本公司自提一百分之四十

（二）本公司奖励报发人一百分之二十（不论公司职工，及外界人士，均得享同等之奖励。）

（三）本公司奖励当场执行检查职务人一百分之十六

（四）本公司奖励当地值班团警或地方首人之证明签字或盖章人一百分之八

（五）本公司奖励职工月奖金一百分之十六（此项月奖金，于每月终时由主管人员考核勤劳者奖励之）

第十八條 凡因查獲竊電事件之報告人、証明人、及當場執行檢查職務人等之酬勞費用，經本公司事前認可者，得由本公司償還之，但須實在用費數目，而有真正憑據，並繳陳收據者。

第十九條 本規則自核准備案後公布之日施行。

第二十條 本規則如有未盡事宜，得隨時修改增訂之，但須呈請各級主管機關備案存查。

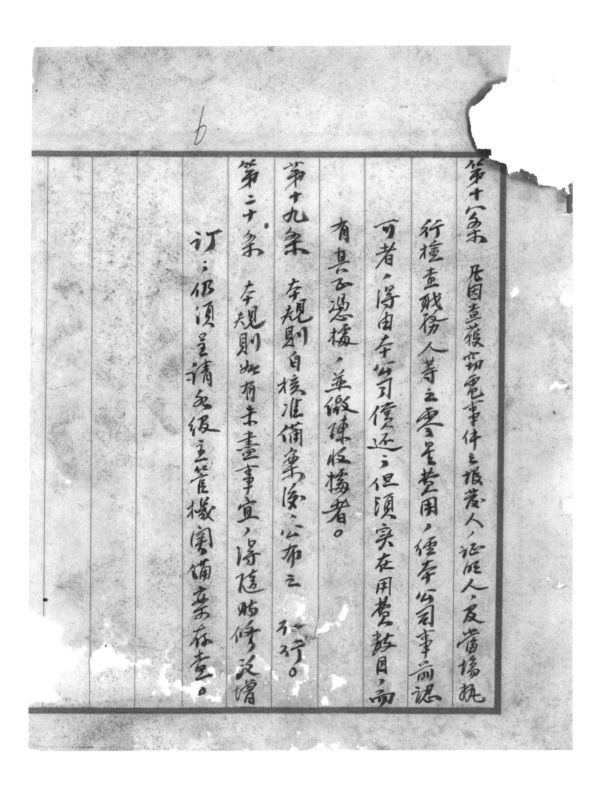

重庆电力股份有限公司加班办法（时间不详）　0219-2-1

重慶電力公司加班辦法

一、本公司及所屬各辦事處發電廠之職工役，除因公務上之必要、得於辦公時間外、加班辦理、

二、加班辦理事件、應先陳經主管人核准、

三、凡正常工作應於辦公时間内辦畢者、不得請求加班、

四、加班職工役應確切填明到班及退班时間、由主管人核章，轉陳總協理核閱、

五、加班職工役得按津貼辦法領加班津貼、

六、各發電廠工務輪班不得以加班論、

七、本辦法自總經理協理核准公布之日施行

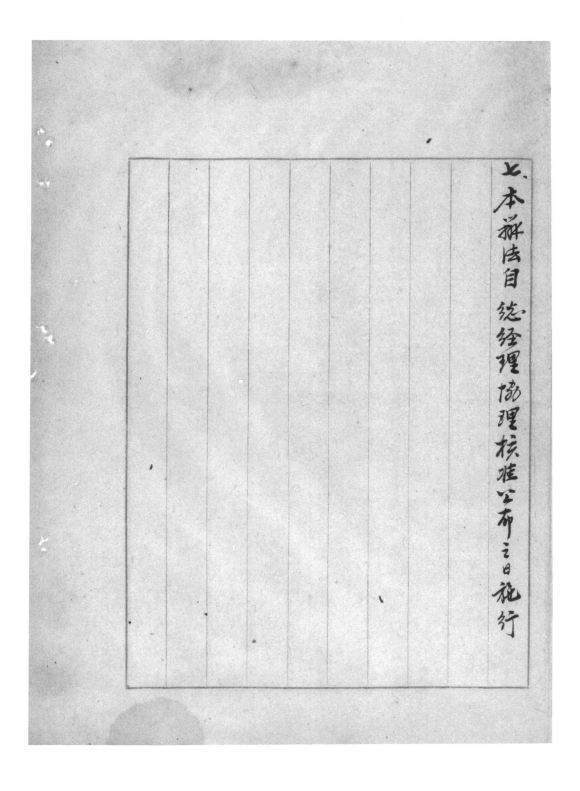

重庆电力股份有限公司值日规则（时间不详） 0219-2-1

14.

重慶電力公司值日規則

第一条　本公司及所屬各辦事處、發電廠，為平日在辦公时間外及星期日或其他休假日，便於應付各方接洽及處理臨时發生之非工務方面事件，輪派人員值日。

第二条　值日人員當值时間每日自正午十二时起至翌日正午十二时止。

第三条　應行當值之員役，於每月月初之前三日排定輪值表，送陈總協理存查，其表列每日當值員役人數，分別規定如下：

14

總公司 職員二人 公役五人 傳達一人
辦事處 職員一人 公役一人 傳達一人
發電廠 職員一人 公役二人 傳達一人

第四條 每日應按輪值表，將當值員役之姓名，懸牌揭示，并發值日章戳一顆，由值日員挨次輪用。

第五條 應行當值員役非因疾病及特准者外，不得請假，其必須請假者，應於當值前覓妥合宜之代理人，並請求特准後，始能離職。

第六條 值日員在當值時間內，對於詢問或請求之來人或電話，應即答覆或辦理之，其重要事件，

14-1

應報請主管人核示辦理，緊急到文，應速呈閱。遇有空襲及火警，應督飭值役搬運重要文件或施救。

第七條 值日員在當值时間內，遇有關於廠務、機務及线路方面事件，應即通知有關各部份之值日員辦理，其各發電廠之值日員更應與各該發電廠之工務值日员取密切聯繫。

第八條 值日員须在當值时間內，不得擅離，遠出遊蕩。

第九條 值日員於當值时間終了，應即在日記表內各欄填明蓋章，陳由主管人轉陳總協理核閱。

第十条　值日员级得按津贴办法领值日津贴

第十一条　本规则自总经理协理核准公布之日施行

14-2

奉

总经理谕稍加整理是否可行仍请

修正擲下以便呈核此致

劉
曹　科長

吴股長簽表意見

四五

重慶電力股份有限公司便箋

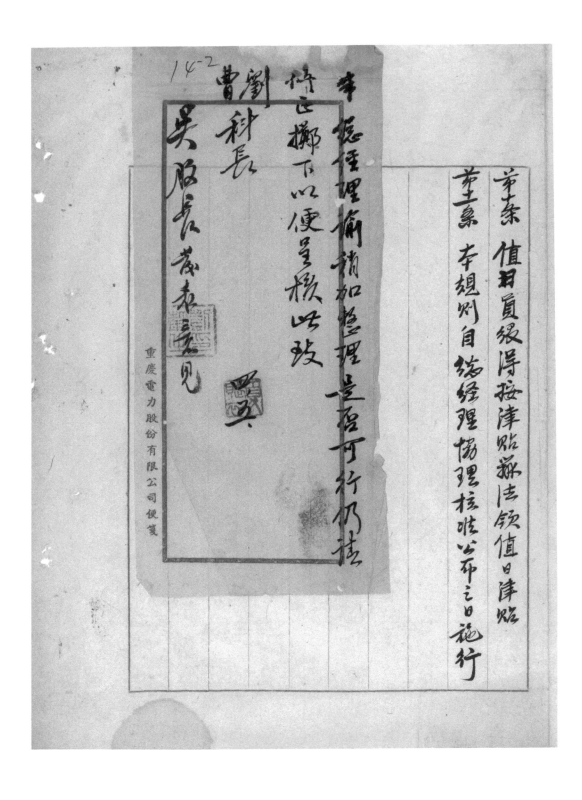

重慶電力公司工友宿舍暫行規則

第一條 應由總務室宿舍主管人指定宿舍及房間，不得任意選擇及擅自移動

第二條 宿舍內不得攜帶眷屬及容留外人

第三條 床鋪行李等項各自加以整理，不得污穢凌亂

第四條 宿舍內應由住宿者輪流值日洒掃整潔

第五條 銀錢及貴重物品應各自留心，如有遺失公司不負責任

第六條 不得攜帶違禁品

第七條 不得攜帶不需要與過多之行李

第八條 在宿舍內不得喧嘩吵鬧及有妨礙他人之聲音舉動

31-1 (5)

第九條 除廠房值班人員及有特殊原因事先得管理員准許者外晚間最遲在十八鐘前應返宿舍逾時得由管理員拒絕其入宿

第十條 應愛惜宿舍公物如不慎損壞公物時應自行報告照價賠償

第十一條 未經物主允許不得擅行取用他人物件

第十二條 遇有疾病應即通知公司醫師診斷以免傳染

第十三條 取消

第十三條 未經允許不得在宿舍內集會

第十四條 對於同宿舍者應親愛和睦不得謾罵鬥毆

第十五條 宿舍內不得飲酒賭博及犯其他不道德行為

第十五條　如發覺同宿舍中有不規則之行爲應加勸阻或報告管理員

第十六條　宿舍內如發現有竊盜情事而須檢查時應服從檢查不得拒絶

第十七條　未得公司同意非住宿人員及管理員之允許不得擅入宿舍

第十八條　宿舍內除床桌椅等由公司酌量供給不得任意需索外舖蓋蚊帳及其他日用品如面盆毛巾肥皂牙刷等由工友自備公司概不供給

第二十條　每一宿舍由經理協理指派管理員一人承辦宿舍內一切不規則之行爲住宿者應服從管理員命令不能違抗管理員不得有徇情及不公平情弊或發覺住宿者在宿舍內有不規則

32-1

之利害而加檢舉，一經告發，管理處當查實分

第二十一條　凡有違抗本規則者，由管理處簽請各科室主管人將其

經協理議定，違犯第二、六、十一、十四、十五等條者，即停止其享

住宿舍之權利。

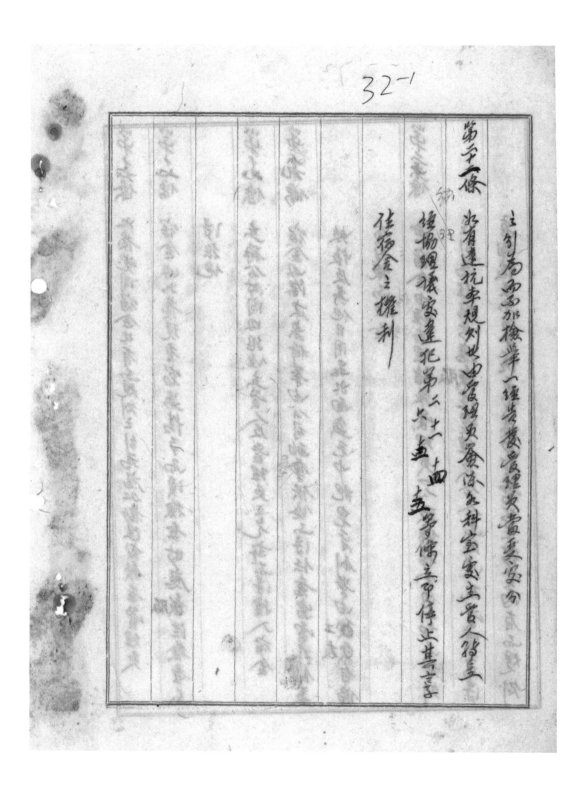

重庆电力股份有限公司处理材料暂行规则（时间不详） 0219-2-1

18

重慶電力公司處理材料暫行規則

第一章 總則

第一條 本公司所需之材料（包括工具在內）悉依本暫行規則處理之

第二章 預算

第二條 本公司所需之材料分為㈠經常用料㈡擴充工程用料外均須編造預算

甲、經常用料 各部份所需之經常材料如各廠之潤滑油棉紗籮斗工具等及"供電""用電"方面之經常維持修配材料應依照過去統計數字於每年度或半年度開始時由工業兩科編造預算表經總工程

18

师審查陳總協理核准後交材料股備料

乙. 擴充工程用料 凡擴充工程如各科廠處添加設備所需材料應事先由主辦部份編造預算表連同工程計劃書經總工程師審查陳總協理核准後(如工程計劃有變更時應將增減材料預算及變改計劃送核)交材料股備料

第三章 請領

第三條 (一)經常用料由各廠處根據核准預算開列請領單分別送交工業助科審查後呈報總協理核交總工程師處核後由經理室分發各有關部份

(二)擴充工程用料 由各廠處根據核准預算開列請

18-1

購單分別送交工業兩科審查後呈報總協理發交總工程師復核後由經理室分送各有關部份

第四章 購置

第四條 購置股於收到請購單後應立即填具詢價單向本市或外埠各廠商詢價或登報招標並規定日期收到兩個以上之商號報價單或開標後應編制比價表連同商號報價單送購料審查委員會核議（或由購料委員會主任委員審定）經總協理核定之

第五條 凡金額不超過十萬元之購置確係緊急得免辦理詢價手續由總務科酌量辦理之緊急材料由總務科材料股陳總協理核定之

第六條 應購材料經核定後即由購置股填發定貨清單訂合同者由購置股草擬合同送購料委員會及稽核科審查陳總協理核准繕正後陳總協理簽蓋

第七條 購置股採買之材料須自行運送時應由承辦人員開具運料單送主管科長審核

第八條 應購材料經過相當時間無法購置者或緊急材料無法立即購置者購置股應即通知用料部份

第五章 驗收

第九條 驗收材料由材料股稽核科及用料部份派員會同辦理驗收後填具收料報告由三方驗收人蓋章

18-2

第十條 如驗收人員發現貨色不符應拒絕接收由材料股通知購置股向承辦商號交涉辦理數量不符時酌奪情形處理

第十一條 購置股於收到承辦商號交來之收料報告及發票經核對無誤後即造現購（記帳）購料報告及傳票送總務科長會計科長稽核科核章後陳總協理核簽

第十二條 凡用外國或外埠運輸之材料驗收後如發現有損壞及數量不符等情材料股應即通知購置股

第六章 發料

第十三條 用料部份需用材料時須填具領料單注明用途由用料部份主管人核章持單向庫房領用，如急用材料

不及事先由稽核科審核者得先領补核）

第十四條 各部份需用之工具領新換舊時應同時缴回舊工具（另擬細目）

第十五條 材料服發料後應將實發數量填於領料单内由領料人蓋簽

第十六條 材料服發料後應逐日登記并分户造具實發材料日报

第七章 报銷

第十七條 各部份領用材料須自備材料帳每月將耗用材料分别資產、消耗、修理及退料數量、實存數量作成月报（經常用料与擴充用料應分製月报）送材料服核对填價送稽核科審查陳總協理核閱

18-3

第十八條　擴充工程完竣後應由主辦部份造具報告送稽核科審查驗收後送材料股填價陳總協理核閱

第十九條　凡資產材料有變動遷移時（如供電方面線路及安裝之變動及機分兩廠機件零件之遷移等）用料部份每月須造具拆遷材料報告表

第八章　退料

第二十條　各用料部份材料（一）用餘材料（包括不合用材料）（二）拆卸舊料（三）廢料應分別製成退料報告連同退料繳回材料股

第二十一條　材料股所收退料應分"新""舊""廢"各別登帳并應分別造表送稽核科及會計科存查

第九章 售料

第二十二條 出售不合使用之材料或外间請求公司價讓材料时应由材料股签呈 總協理核准後開出售料發票送稽核科審核經会計科收款後方能發料

第二十三條 售料由庫房領出时应由材料股根據發票开具領料單其一切手續仍按本規則領發手續辦理

第十章 盤存

第二十四條 庫存材料除定期盤存应於每半年度終举行外不定期盤查由總協理隨時决定之每次盤存後应作成盤存報告陳總協理核閲

第二十五條 材料盤存後如實存与帳冊不符時材料股应即查究

18-4

陳報總協理核办并應立即校正分別轉入材料盤盈及盤虧科目

第二十六條 各部份已領用材料尚未報銷轉帳者應加入盤存計算

第十一章 結存報告

第二十七條 會計科應於月終年終編製結存月報及結存年報送總工程師總協理核閱并分送用料部份

第十二章 舊料及廢料之處理

第二十八條 舊料廢料之收發須用額銷記帳等均應與新料同樣办理

第二十九條 舊料廢料應先估計殘餘價值包括整理費用然後再以原價與殘餘價值之差額轉入損益帳中

第三十條　所有廢料應於半年處理一次確實無用者應陳請總協理核准標賣

第三十一條　出售材料如售價高於或低於估價時即轉入損益帳

第十三章　運送中材料

第三十二條　在運送途中之材料至結帳時（月結年結）如已付清債價以運送中材料目加入材料帳

第十四章　材料單價之計算

第三十三條　材料之價值應以其原價加上運費力資關稅雜繳合併計算

第十五章　附則

第三十四條　本辦法提請董事會通過實行修改時亦同

總經理

(39) 發文電字第2[illegible]5號

19

重慶電力公司購買及處理材料暫行規則

第一章 總則

第一條 本公司材料「預算」「購置」「收發」「盤存」「出售」及記帳各項手續悉依本暫行規則處理之

第二條 自本規則公佈實行之日起凡原有表報之不適用者一律取消全數繳還會計科封存

第二章 預算

第三條 本公司各科處所需材料視用途緩急分為（一）經常用料（二）擴充工程用料（三）臨時用料三種除第一二兩種須由用料部份擬具預算外第三種臨時用料可不擬具預算

（甲）經常用料 各部份需用之經常材料（指平日維持修理用料如總分廠之燃料潤滑油棉紗罐斗工具等及「供電」「用電」方

面之經常維持備配材料）應依照過去統計數字每一年或半年先行編造預算表三份由主管人核盖送稽核室審查轉陳經理室批准後一份退交用料部份一份存稽核室一份送材料股備料

（乙）擴充工程用料 凡臨時工程及新工程（如總分廠添加設備供電方面擴充線路變壓站等）用料部份應事先擬就工程計劃三份材料預算表三份并須註明用料日期由主管人核盖送稽核室審查轉陳 經理室批准後工程計劃一份退交用料部份一份存稽核室 材料預算表一份退交用料部份一份送材料股備料一份送稽核室

（丙）各用料部份如因（一）原臨常用料預算估計太低得申述理由請求追加其手續與本條（甲）兩（二）改變工程計劃其所更改之計劃及變改後材料預算之增減須交稽核室審查轉陳 經理室

19-1

（手續與本條（乙）同）

第三章 請購

第四條 （一）經常用料由材料股彙集各用料部份之核准預算并依照本公司所規定經常用料之最低最高存儲量開請購單三份送稽核室審核轉陳經理室批准後以一份退回材料股一份送購置股一份存稽核室

（二）臨時工程及新工程用料 材料股於接到批准材料預算單後須根據用料日期分別緩急開請購單三份一送購置股一送稽核室一存查

（三）臨時用料 凡因修理需用而未列入經常用料預算表內之急用材料并確查無庫存者由材料股開具請購單三份送交稽核室審查轉陳 經理室批准一份退回材料股一份送購置股一份存稽核室

第四章 購料

第五條 購置股於接到請購單後即須填具詢價單酌量市面情形分別

向本市或外埠各商號詢價或招標購置股於收到兩個以上之商號報價單或開標後應斟酌貨色價格編製比較表連同商號報單送用料部份加注意見送稽核室審查呈陳經理室批准

附則：凡確係緊急之臨時修理用料因時間關係不及辦理詢價手續而金額又不超過五百元者得由購置股事先辦理事後補具手續

第六條　購置股接到已批准之比較表後即填製定貨單六份一份送承辦商號一份送會計科一份送用料部份一份送材料股庫房一送稽核室一存查須簽訂合同者其合同須送稽核室審查呈陳經理室批准後簽蓋將合同須分抄稽核室及用料部份

附則：如用料部份及稽核室對於全部材料或一部份材料選擇方面有意見時購置股應遵照辦理

19-2

第七條 購置股採買材料須自行造送時應由承辦人員照具造料單（另附）送主管科長審核造料單一份一送材料股一送稽核室一存查

第八條 凡大宗材料或機件之購進其價值在　萬元以上時應由總務科簽請經理室組織臨時購料委員會其組織及職權另訂之

第五章 收料

第九條 承辦商號應於交貨前一日通知材料股交貨時連同定貨單通送定貨單上指定地點材料股應事先通知稽核室及用料部份派員會同驗收後填具收料報告由三方驗收人簽蓋報告五分一份送材料股（作材料分戶帳）一份送稽核室一份交賣主持赴購置股結帳一份送會計科一份存查

附則：如驗收人員發現貨色不符應拒絕接收由材料股通知購置股向承辦商號交涉辦理數量不符時酌奪情形處理

第十條　購置股於收到賣主交來之收料報告及發票核對無誤後并連同購（記帳）購料報告四份送總務科長會計科長稽核室核章後一份連同傳票送出納股一送材料股一送稽核室一存購置股

第六章　發料

第十一條　凡料部份需用材料時須填具領料單四份由用料部份主管人核章送稽核室審核退回用料部持單向庫房領用（如急用材料不及事先由稽核室審核者得先領補核）

第十二條　庫房發料後將實發數量填於領料單內交用領部份收料經手人員簽蓋（表示收到無訛）領料單四份一送稽核室一存庫房（送材料股一由領用人收回）

第十三條　材料股根據領料單之實發數量記帳按領料部份分戶每月作成各部領用材料總單三份一送會計科登帳一送稽核室一存查

19-3

附則：各用料部份領用材料須在領料单上照（第二章第三條註明用途預算編号及需用日期

第七章 報銷

第十四條 各部份領用材料須負責備存材料帳每旬將耗用材料分别「資産」「消耗」「修理」（分别項目）及退料數量實存數量作成旬報（經常擴充應分製旬報）四份送材料股核對填價送稽核室審查擴充工程完竣時應由用料部份造工竣報告四份送稽核室審查驗收後送材料股填價後旬報或工竣報告四份一送會計科登帳一份存稽核室一份退回用料部份一份存材料股

附則：一、各用料部份之用料報告其屬於資産項下者須按照工程項目分别之其屬於修理者亦須分項（如某機件某地點）註明

附则二、凡各用料部份因移装改善工程，须将原有材料遴移别处者，如供电方面线路变压器之变动及总分厂机件零件之迁移等，每月月终须列具拆卸材料表三份，一送稽核室审核，一送会计科，一存查。

第八章 退料

第十五条 各用料部份对于剩余（或不合用）材料、拆卸旧料及废料均应退缴库房。

第十六条 退料报告应以三种不同颜色纸张以区别之，分领而未用之剩余材料（或不合用材料）、旧料及废料三种，由领用部份填具四份，连同退料缴回库房。库房于核对退料及退料单上数量无讹后（如有错误，应通知退料部份改正或补足），于退料单上加盖收讫无讹章，一份退回退料部份，一份留存，一份送材料股。

19-4

一份交稽核室

第十七條　材料股所收退料應以「新」「舊」「廢」分別登帳每日分別彙造總表送稽核室及會計科存查

第九章　售料

第十八條　購進而不合使用之材料出賣或外商請求公司價讓材料時應由材料股簽呈　經理室批准後方可出售料發票送稽核室審核後送知庫房發料及會計科收款登帳

第十九條　售料由庫房領出時由材料股根據發票例具領料單其一切手續仍按本規則領發手續辦理

第十章　盤存

第二十條　庫存材料盤存分定期及不定期兩種定期盤存於每年六月及十二月行之不定期盤存由經理室及主管料股隨時請定之盤存時

應作成盤存報告單一份，經理室核閱（另訂）

第廿一條 盤存材料如實存與帳目不符時即應立時校正之，如實存多於帳目即轉入材料盤盈科目，同時將多出之材料價值記入材料帳；如實存少於帳目即轉入材料盤損科目，將短缺之材料自材料帳中減去

第廿二條 材料盤存時如發現實存數量與帳目相差過大時，材料股應即查究，另案呈核

第廿三條 各部已領用材料未填報領料帳者應加入盤存計算

第十一章 結存報告

第廿四條 材料股每月月終應將材料帳結算，按材料分類編製月報表，年終結算時應製年報表，皆各三份（由經理室核查一份），一份存查，一送會計科，一送稽核室

第廿五條 各部份領用之暫記材料未經使用結賬者應另編報告三份呈核，一份留存，一份送會計科，一份送稽核室

19-5

第十二章 舊料及廢料處理

第廿六條 舊料及廢料材料股應另分別列帳按材料之種類分户

第廿七條 舊料廢料應先估計殘餘價值然後再以原價與殘餘價值之差額轉入損益帳中

第廿八條 所存廢料至少每年處理一次

第廿九條 出售材料如售價高於或低於估價時亦轉入損益帳

第三十條 修理舊料所增加之費用加入舊料價值中再行由舊料帳中轉入材料帳

第卅一條 本公司向外購進之舊料應登入舊料分户帳

第卅二條 舊料廢料之收發領用悉照本規則之規定辦理

第十三章 運送中材料

第卅三條 運送中未到材料在結帳時(月結年結)如已付清價值以運送中

材料科目加入材料帳

第卅四條　運送中材料於收到時如發現其短或多於發票數量金額而無法
時即轉入損益帳中

第十四章　材料單價之計算

第卅五條　材料之價值應以其原價加上運費及其他稅捐徵合併計算其單
價應以其總價值以總數量計算之小數二位以下四捨五入

第卅六條　發出材料之單價採用加權平均法計算之

第十三章　附則

第卅七條　本規程須董事會通過實行修改時亦同

重庆电力股份有限公司职员福利委员会组织章程（时间不详）　0219-1-1

39

重慶電力股份有限公司職員福利委員會組織章程

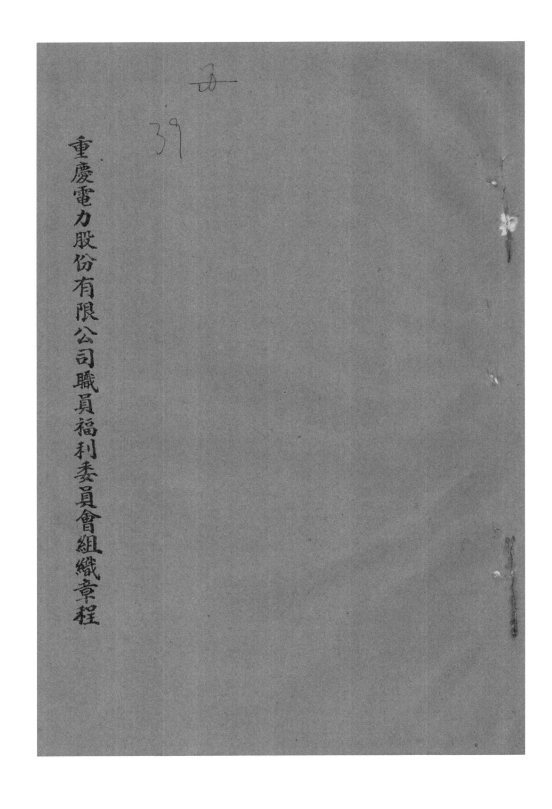

40.

重慶電力股份有限公司職工福利委員會組織章程

第一章 總則

第一條 本會為增進職工福利特遵照部頒職工福利委員會組織規程，並參酌本公司之實際情形組織之。

第二條 本會定名為「重慶電力股份有限公司職工福利委員會」

第三條 本會會址設於重慶電力股份有限公司總公司內

第二章 權利與義務

第四條 凡本公司職工均有遵守本會會章、按期繳納福利費及履行本會決議之義務、

60-1

第五條　凡本公司職工均得享有本會一切福利設施之權利。

第三章　組織及職權

第六條　本會由公司指派代表一人，職工各選出代表九人組織之，除公司代表外任期一年，連選得連任

第七條　前條職工代表之選舉辦法由本會另訂之

第八條　本會設主任委員一人，由公司代表担任處理日常事務，設稽核一人由主任委員就委員中遴任之，負責辦理本會一切財務收支之稽核事宜

第九條　本會由公司代表一人，職工各相互選出常務委員

61

四〔五〕人共九〔十一〕人組織常務委員會依照本會之意旨及決議負責推動一切經常會務

第十條 本會之職權如左：

一、關於福利事業之計劃審議及督導推進事項

二、關於福利基金之籌集保管及運用事項

三、關於事業經費之分配稽核事項

四、關於收支預算決算之審查及公佈事項

五、關於人事任免調遣及獎懲之核定事項

六、其他有關職工福利事項

第十一條 本會設職工福利社為本會之業務執行機構遵照

41-1

第十二條　本會之決議負責辦理一切福利事業

職工福利社設總幹事一人副總幹事二人由本會聘任秉承本會之意旨綜理一切社務社內分設總務文教供應康樂會計五組每組設主任幹事一人幹事雇員若干人除會計組主任幹事請由公司派任外由常務委員會決定主任委員具名聘任之

第十三條　職工福利社所屬員工以就公司現有職工中聘任為原則但必要時得請由公司專派充任之

第四章　會務

第十四條　總務組辦理文書保管事務交際及其他一切有關

42

事宜

第十五條　文教組辦理學術進修子弟教育及其他一切文化事宜

第十六條　供應組辦理一切職工生活必需物資設備之供應及分配事宜

第十七條　康樂組辦理一切職工之衛生娛樂及業餘生活之改進事宜

第十八條　會計組辦理收支登記及預算決算之編制事宜

第十九條　職工福利社之事業計劃及辦事細則另訂之

第五章　會議

62-1

第二十條　本會每日召開常會一次但必要時得由主任委員或常務委員會之決議或經委員三分之一以上人數之請求召開臨時會議

第二十一條　常務委員會每週召開一次但必要時得由主任委員或經常務委員三分之一以上人數之請求臨時召集之

第二十二條　本會常會臨時會常務委員會均以三分之二以上委員之出席出席委員半數以上之同意行之

第六章　經費

第二十三條　本會福利基金之來源如左：

43

一、由公司就資本總額提撥百分之五

二、由公司每月比照職工薪津總額提撥百分之五

三、由各職工於每月薪津內扣繳千分之五

四、公司年終結算有盈餘時由公司就盈餘項下提撥百分之五

五、公司廢料變賣時提撥百分之二十

六、董事會臨時撥交運用之基金

第二十四條　本會基金存本會決議指定銀行

第二十五條　本會賬目每月月終結算并揭示公佈

第七章　附則

43-1

第二十六條　本章程經委員會通過并呈准主管官署備案後施行

第二十七條　本章程如有未盡善事宜得由委員會決議增改并呈報主管官署備案

重庆电力股份有限公司职工奖惩规则（时间不详） 0219-2-45

C14000/1

重慶電力股份有限公司職工奬懲規則

第一條 本公司所有職工之功過勤惰依本規則考核奬懲之

第二條 職工工作成績之考核於每年年終舉行但遇有特殊功績或重大過犯者得由總經理隨時奬懲之

第三條 職工之考核奬懲於每年年終由總經理報告於董事會

第四條 職工有左列情形者得予奬勵

1. 有特殊成績者

2. 有特殊貢献而經採納者

3. 勤能昭著者

4. 職工服務滿一年以上不曠職不請假或請事假不及規定日數者

第五條 獎勵方法如左
1、特獎或特別紅酬
2、升用
3、進級
4、記功
5、口頭嘉奬
凡記功二次者得進一級
第六條 職工有左列情形者應予懲戒
1、舞奬有據者
2、危害公務者

3. 廢弛職務或不稱職守者
4. 有不良嗜好經告戒不悛者
5. 不守規則者

第七條 懲戒處分如左
1. 開除
2. 降職或降級
3. 記過
4. 扣薪
5. 申斥

犯第七條第一項者除開除外得斟酌情形之輕重依法送請法院懲治或責令賠償

第八條　職工功過經總經理之核准得互相抵銷

第九條　職工無故不到職守是謂曠職應按日扣薪曠職逾十日者開除

第十條　在規定辦公時間內職工不得無故離職如因有不得已之事故必須請假時應依照手續填具假單呈經各該科科長核轉總經理批准後方得離職否則以曠職論

但遇有特殊情事如發生急病或不可抗力之障碍時得事後補具請假手續但必須有相當証明方得追認

第十一條　職工事假每年合計不得逾二十日逾則按日扣薪全年事假至多不得過四十日逾即開除

第十二條　職工病假在一日以上者須提出醫生証明書否則以事假論病假以

全年合計逾一百二十日者開除

第十三條　職工請假逾原定期應即續假其手續與請假同如不續假則所逾時期以曠職論

第十四條　職工繼續服務已滿三年勤勞稱職絕少請假者其次年得由公司酌給休息假至多不得逾三十日假期內照常支給薪金

第十五條　職工繼續服務在十年以上除因重大過犯開除者外給予當時所支薪金一年之特別獎金如以後仍繼續服務每五年給予其最後所支薪金一年之特別獎金

第十六條　職工服務在二十五年以上自願退職者除照前條給與外[illegible]月給予其最後所支薪金之二分之一養老金其期間以十年為限

第十七條　本規則自董事會通過之日施行

第十八條　本規則有未盡事宜由董事會隨時修改之

第十九條　本規則由本公司呈報主管官廳備案

4

15

經營電氣事業各種應用細則彙編

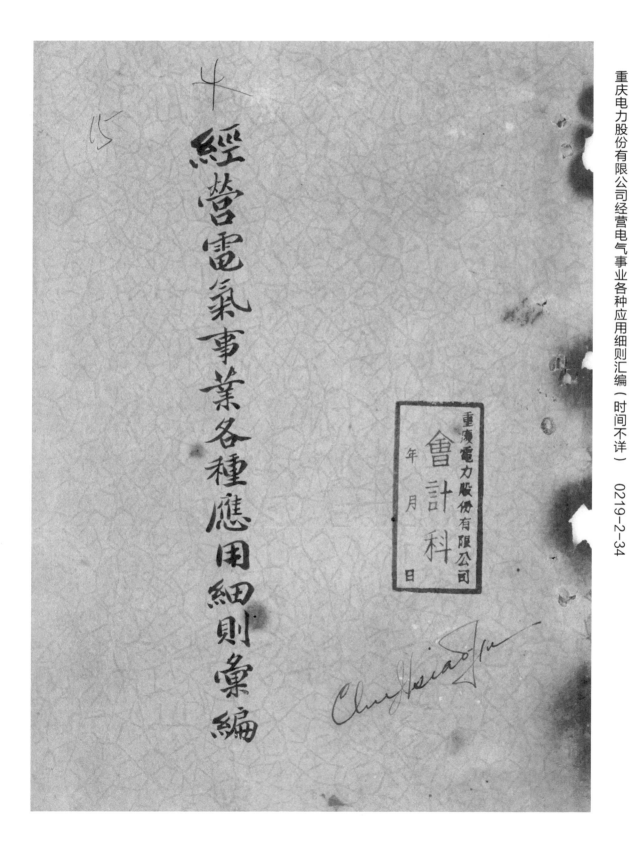

修正電氣事業條例

十九年三月三十一日國民政府公布
二十三年二月二十七日國民政府脩正公布

第一條　本條例所稱電氣事業，謂應一般之需用，供給電光，電力，電熱之營業。

經中央主管機關核准，登記，給照，經營電氣事業者，稱爲電氣事業人。

第二條　本條例所稱中央主管機關，爲建設委員會。地方監督機關，爲省建設廳及市縣政府。

第三條　本條例所稱工作物，謂因供給電光，電力，電熱所爲之一切設備。所稱綫路，謂輸送電氣之導體及其附屬之設備。

第四條　經營電氣事業者，無論公營，民營，非經中央主管機關登記，發給營業執照及營業區域圖，并經地方監督機關備案後，不得開始營業。

電氣事業之登記取締，及其工作物之標準與裝置規則，由中央主管機關規定之。

第五條　電氣事業人非呈由地方監督機關轉呈中央主管機關核准，不得與外人經營之電氣事業訂立買賣電流合同。

第六條　電氣事業非經國民政府特許，不得借用外資。

第七條　電氣事業實收股本，或資本之總額，至少應佔其投資總額百分之三十。投資總額，至少應爲其每年營業總收入之一倍。

16-1

投資總額爲實收股本或資本及已發行之公司債與其他長期借款之和數。

第八條　電氣事業人如欲擴充設備，得呈經建設委員會及實業部許可，依照法令規定發行債劵。但其總額不得超過現存資產二分之一。

第九條　電氣事業人因工程之必要，經主管機關之許可，得使用河川，溝渠，橋梁，提防，道路，但以不妨害其原有之效用爲限。

第十條　電氣事業人於必要時，得經土地所有人及占有人之許可，在其房屋上之空間，或無建築物之土地上，設施線路。

第十一條　對於妨礙線路之樹木或其他植物，電氣事業人經所有人及占有人之許可，得砍伐之。

第十二條　電氣事業人對於第九條至第十一條所列舉之事項，與所有人及占有人協議不諧時，得呈請所在地市縣政府處理之。如因避免特別危險或非常災害，不及呈請時，得先行處置。但應於三日內呈報所在地市縣政府，並通知所有人及占有人。

第十三條　第九條至第十二條情形，如致有損害時，應由電氣事業人補償之。

第十四條　本條例未規定事項，準用民營公用事業監督條例之規定。

第十五條　本條例自公布日施行。

電氣事業電壓週率標準規則 十九年九月十二日會令公布

第一條 電氣事業所用之電壓及週率，均應依照本規則所規定之標準。其在本規則公布前設置者，得仍其舊。

第二條 直流制之電壓，應以綫路滿載時之終點電壓爲標準。其電壓定爲二百二十及四百四十伏而脫兩種。

第三條 交流制之週率，定爲每秒鐘五十週波。其相數，定爲單相及三相兩種。

第四條 交流制之電壓，應以各輪電綫或配電綫滿載時之終點電壓爲標準，其各級伏而脫數規定如左：

一百十

二百二十—三百八十 三相四線

二百二十—四百四十 單相三線

三千三百

二千二百—三千八百 三相四線

17-1

六千六百

一萬三千二百

三萬

六萬

十萬

十五萬

二十萬

第五條　發電機變壓器電動機電燈電具等之電壓，應依照附表之規定。

電氣事業註册規則

十九年六月六日會令公佈
二十二年五月二十五日會令修正公佈

第一條　凡電氣事業條例所規定之電氣事業，均須依照本規則聲請建設委員會註册給照，經核准後，方得營業及享有電氣事業人一切權利。

第二條　電氣事業之聲請註册，其具名人規定如下。

一、公營電氣事業，由主辦機關呈請或咨請之。

二、民營電氣事業，如係

甲、獨資經營者，由出資人呈請之：

乙、合資經營者，由出資人全體呈請之：

丙、公司，由公司代表呈請之，如爲股份有限公司，須由董事全體呈請之。

三、人民與公家合營之電氣事業，依照本條第二項第乙丙目辦理。

第三條　電氣事業之聲請註册，應備具左列書圖：

一、企業意見書（附營業區域圖）

19-1

二、創業概算書；
三、收支概算表；
四、工程計劃書（附線路分佈圖及發電所內線圖）；
五、營業章程概要；
六、投資人名簿或投資機關名稱；
七、首席聲請人及主任技術員履歷書。

第四條　企業意見書，應依照本規則表式一塡製，其營業區域圖，得用當地地圖添繪顯明區域界線，擇要註明四至地名，並開明圖例縮尺及方向，由首席聲請人署名蓋章。

前項營業區域圖，經核准後，應另備具同式四份，呈送建設委員會蓋印存卷，並分發建設廳，市或縣政府，及該電氣事業人存查，以資信守。

第五條　創業概算書，應依照本規則表式二塡製。

第六條　收支概算表，應依照本規則表式三及表式四塡製。

第七條　工程計劃書，應依照表式五塡製，並須備具左列附圖

一、線路分佈圖，須註明：

甲、發電所配電所及配電變壓器之位置及容量，

乙、各段線路之電壓及導線粗細，

丙、圖之方向及縮尺。

二、發電所內線圖，須按照通用線路格式，載明發電所內全部接線方法，不自發電者，以接受外來電力之主要配電所代之。

以上二圖，均須由主任技術員署名蓋章。

第八條　營業章程概要，應依照表式六塡製，其已擬有營業章程草案或印有正式營業章程者，須一併附送。

第九條　投資人名簿，應開具左列各款：

一、投資人姓名往址：

二、各投資人所認股數，每股票面銀數，及實繳銀數。

第十條　首席聲請人及主任技術員履歷書，應依照表式七塡製，其主任技術員畢業文憑或服務證明書之攝影或抄本，須一併附送。

20-1

第十一條　地方政府或主辦機關對於設立電氣事業意見書，卽表式八，應由聲請人送呈註册書圖時，一併送請當地地方政府填具意見，如爲公營性質，則應由主辦機關填具。

第十二條　聲請註册人填製表式時，須向建設委員會領用空白表式，不另取費，但爲事實上之便利，得用同樣格式大小紙張填製。

第十三條　凡電氣事業在電氣事業條例施行以前設立者，除依據最近實情填具本規則第三條所開各書圖外，應將其設立年月，組織經過，營業狀況，最近一年發電度數，及與行政機關所約定之條款，一併呈報。

第十四條　民營或人民與公家合營之電氣事業聲請註册，其呈送程序如左：

一、聲請人應備具本規則第三條所開書圖各三份，送呈當地地方政府，分別存轉。如營業區域跨連兩縣縣境者，應由電廠總事務所所在地之縣政府，取得鄰縣縣政府之同意後呈轉。

二、當地地方政府，除抽存書圖一份外，應依照表式八填具意見書連同書圖二份呈送該省建設廳，由廳抽存一份，並將正本連同審查意見，轉呈建設委員會。

三、如當地地方政府直隸於行政院者，應於塡具意見書後，連同審查意見，逕送建設委員會。

第十五條　公營電氣事業聲請註册時，應由該事業之主辦人，備具書圖三份，由主辦機關逕送建設委員會。

第十六條　電氣事業遇有變更名稱組織，或轉移營業權時，應照新創事業手續，重行聲請註册，換領執照，其已經主管機關核准之移轉合同契約，須一併附送。

第十七條　凡電氣事業，曾向國民政府交通部註册，領有執照者，須備具註册書圖三份，連同舊照，逕呈建設委員會。經核准後，由會換給執照，註册書圖副本二份，發交廳縣存查，

第十八條　電氣事業人營業期限屆滿前，應向建設委員會重行聲請註册。

第十九條　民營或人民與公家合營之電氣事業聲請註册，經核准後，應繳納左列各費：

一、註册費，按照資本總額千分之二繳納，其不足千元及千元以上之有畸零者，均以千元計算：

21-1

二、印花稅二元。

凡曾在國民政府交通部註册領照者，向建設委員會聲請換照時，得免繳註册費，惟資本如有增加，應照第二十一條辦理。

第二十條　公營電氣事業聲請註册，經核准後，應繳納註册費二百元，印花稅二元。

第二十一條　民營或人民與公家合營之電氣事業，因增加資本呈請換給執照者，不論原定資本額之多寡，應按照本規則第十九條之規定，照增加數添繳註册費。

第二十二條　本規則自公布日施行。

22

企業意見書（電氣事業註册表式一）

（附註）塡寫各表之數目字須一律用阿拉伯字碼

（一）名稱及組織（名稱須冠以省市縣鎮村字樣）

（二）發電所及事務所所在地（註明詳細地址）

（三）事業種類（電燈電力電熱或兼營其他事業之名稱）

（四）資本總額及籌集方法　註明資本總額（國幣）已收及未收數及籌集方法　有公司章程者一併附呈

（五）營業區域　註明區域內所有城鎮市鄉名稱依據註册規則第四條繪具營業區域圖同式四份一併呈由地方政府轉呈本會以備核准後蓋印分發保存

首席聲請人署名蓋章　　　　民國　　年　　月　　日

建設委員會法規　電政類三號

七

22-1

創業概算書 （電氣事業註册表式二）

（一）土地購用費	元		
（二）房屋建築費 事務所發電所配電所等一切建築工程屬之			
（三）發電所機器設備費 發電所內一切機器購置及裝配運輸費用屬之			
（四）線路設備費 桿線及配電所之一切機件設備及裝置運輸費用屬之			
（五）流動資金			
（六）其他創業事務費			
總　　計	元		
說　　明			

首席聲請人署名蓋章　　　　民國　　年　　月　　日

收入概算書（氣電事業註册表式三）

（一）電　燈			月收		年收	
（甲）包燈制　瓦特約　盞	每月　元		元		元	
約　盞						
約　盞						
約　盞						
約　盞						
約　盞						
共他約　盞						
（乙）用表制　每月用電　約　度	每度　角	分	元		元	
約　度						
約　度						
約　度						
約　度						
（二）電　力（電熱附）						
每月用電　約　度	每度　角	分				
約　度						
約　度						
約　度						
約　度						
（三）雜　收						
（甲）表　租	每月　元	角	元		元	
（乙）其　他			元		元	
總　計						

首席聲請人署名蓋章　　　　民國　　年　　月　　日

23-1

支出概算書 (電氣事業註册表式四)

款 目		月支		年支	
(一)薪金		元		元	
(二)工資					
(三)燃料	發電用之油煤等燃料費用屬之				
(四)購電費	向其他發電處所購買電流之費用屬之				
(五)消耗	發電配電所用之潤滑油棉紗等消耗物料費用屬之				
(六)修理	各種修理費用屬之				
(七)折舊	照固定資產年提百分之四至百分之七				
(八)事務費	管理及業務之費用屬之				
(九)捐稅	法定地方捐稅屬之				
(十)呆賬	凡一時不能收取之電費等項屬之				
(十一)其他費用					
總計		元		元	

首席聲請人署名蓋章　　　　民國　年　月　日

(附註)如收支有虧應聲明彌補方法及將來計劃

工程計畫書（電氣事業註册表式五）

（一）發電容量	機量總數　　瓩		常用機量　　瓩	
	(1)　　瓩	(2)　　瓩	(3)　　瓩	(4)　　瓩
	(5)　　瓩	(6)　　瓩	(7)　　瓩	(8)　　瓩
（二）原動力	(甲)原動機種類及方式			
	(乙)原動機數目　　各座馬力			
	(丙)燃料種類　　每日用數			
	(丁)鍋爐數目　　共計受熱面積　　平方公尺			
	(戊)汽壓　　大氣壓			
	(己)其他			
（三）電氣方式	(甲)電流方式　　週率　　(週波)			
	(乙)電壓			
	(子)發電電壓　　(伏而脫)，　相　線			
	(丑)輸電電壓　　(伏而脫)，　相　線			
	電線種類　　粗　細			
	(寅)配電電壓　　(伏而脫)，　相　線			
	電線種類　　最大　　最小			
	(卯)輸電變壓器之總容量　　(開維愛)			
	配電變壓器之總容量　　(開維愛)			
	(辰)接戶電壓(1)電燈用　　(伏而脫)，　相　線			
	(2)電力用　　(伏而脫)，　相　線			
	(3)其　他　　(伏而脫)，　相　線			
（四）工程步驟	(甲)擬向何廠購機			
	(乙)全部工程需幾個月完成			
	(丙)預計何年何月開機			
	(丁)預計每度電需耗燃料若干			
	(戊)預計每度電成本若干			
	(己)預計幾年後可添若干機量			

主任技術員署名蓋章　　　　民國　　年　　月　　日

附註(一)不自發電者須附送與給電者所訂之正式合同副本(二)如廠已完成則工程步驟各款照實際情形填寫
(三)如用水力機須註明河流或瀑布名稱進出水之地點及水力計算方法

建設委員會法規　電政類三號

一一

26-1

營業章程概要

(電氣事業註冊表式六)

（附註）其已擬有營業章程草案或印有正式營業章程者須一併附送

(一)每日送電時間

(二)詳細電價表及其他應徵各費

(三)其他關於電氣事業人與用戶相互間之權利及義務

首席聲請人署名蓋章　　　民國　　年　　月　　日

建設委員會法規　電政類三號

一三

25

首席聲請人及主任技術員履歷書（電氣事業註册表式七）

（一）首席聲請人	（甲）姓名　年歲　籍貫	
	（乙）學歷	
	（丙）經驗	
（二）主任技術員	（甲）姓名　年歲　籍貫	
	（乙）學歷	
	（丙）經驗	

（附註）（一）如係公營電氣事業首席聲請人應爲廠長
（二）學歷經驗應註明時期年月
（三）主任技術員應附送畢業證書或服務證書之攝影或抄本

首席聲請人署名蓋章　民國　年　月　日

25-1

地方政府或主辦機關對於設立電氣事業意見書（電氣事業註册表式八）

（一）當地人口及戶數	
（二）當地商業情形及主要出產	
（三）創設電氣事業之主旨	
（四）營業區域內有何工業需用電力之可能及預測各業所需馬力數	
（五）貨物運輸方法及是否便利	
（六）從前該地已否設有電氣事業現在已否停辦及停辦年月	
（七）對於所呈營業區域圖及所定電價之意見	
（八）其他事項	

地方政府或主辦機關長官署名蓋章　民國　年　月　日

（附註）本表應由聲請人於呈送註册書圖時呈主管市縣政府或主辦機關填寫呈轉

電氣事業人許可營業年限及計算辦法

二十一年八月二十六日建設委員會呈報國民政府
二十一年九月六日國民政府指令備案
二十一年九月十五日建設委員會分行全國

（一）許可年限以三十年爲標準，但地方政府得提出意見轉請本會酌量伸縮之。

（二）許可年限起訖日期，規定如左：

甲、凡電氣事業人在民營公用事業監督條例公布以前開始營業者，以條例公布之日起算。

乙、凡在條例公布後成立者，以其營業開始後次年之正月一日起算。

丙、營業年限早有規定者，從其規定。

（三）電氣事業人合併時，因合而消滅之公司，其所餘營業年限，由合併後續存或另立之公司依法定手續取得之，其因各該公司之營業年限有差異而欲補足以期一致者，應於合併前呈由地方監督機關轉請中央主管機關核定。

26-1

建設委員會法規　電政類六號

建設委員會獎勵民營電氣事業暫行辦法

二十年五月三十日會令各民電公司遵照

本會為獎勵民營電氣事業之經濟業務工程改善起見，特定獎勵辦法如左：

第一條　凡合于電氣事業條例第一條之規定，經本會註冊給照之電氣事業人，均有受獎之權利。

第二條　本會每年擇民營電氣事業人中之對于經濟，業務，及工程有特殊之成績者，給予榮譽獎狀。

第三條　榮譽獎狀內，除載明電氣事業人之名稱外，並載明其經理或廠長及主任技術員之姓名。

第四條　民營電氣事業人，除經本會特許外，每年四月底以前，應將上年之經濟，業務，工程報告，按本會規定格式填註，並將其特別改進事項，詳細說明，呈會備核。

第五條　本會按電氣事業人呈送之上項報告，詳加攷核，並調查其是否屬實，擇尤給獎。

27-1

第六條　凡電氣事業人呈送各項報告已逾本會規定時期者，本年無受獎權。

第七條　應得獎狀之電氣事業人，除由本會發給獎狀外，並將其事業名稱公佈之。

取締軍警政機關部隊及所屬人員強用電流規則

二十二年十二月十三日軍事委員會建設委員會軍政部內政部會同公布

第一條　各地軍警政機關部隊用電付費辦法，由當地電氣事業人訂定，呈報主管機關核准備案後公布之。

第二條　軍警政機關部隊所屬人員住宅用電，應悉照當地電氣事業人營業章程付費。

第三條　軍警政機關部隊，遇當地電氣事業人訂有優待辦法時，應於聲請接電時，除依照普通用戶應辦手續外，取得各該地高級主管機關證明書，或由各該機關部隊，用正式印函聲請優待。

第四條　凡軍警政機關部隊，或其所屬人員住宅，如有不經電氣事業人之許可，在電氣事業人所設綫路上，擅自接電，強用電流，不照章程付費，或於報裝後，有竊電行爲，拒絕檢查補費者，其各該軍警政主管機關部隊，經電氣事業人呈訴查明屬實後，應協助電氣事業人停止其電流供給，並依法究辦。

第五條　本規則未盡事宜，得準用電氣事業取締規則及電氣事業人處理竊電規則辦理之。

28-1

第六條　本規則自公布日施行。

電氣事業人處理竊電規則

二十二年一月四日國民政府指令備案
二十二年一月六日建設委員會令公布
（法一八）

第一條　電氣事業人對於竊電之處理，悉依本規則行之。

第二條　電氣事業人爲防止竊電起見，得派員攜帶憑證，至營業區域內線路所經之地及用電處所，施行檢查，用電人不得藉口拒絕。

前項憑證，應由電氣事業人呈請地方主管機關或公安機關登記。

第三條　凡有左列行爲之一者爲竊電：

（一）未經電氣事業人之許可，在電氣事業人所設線路上擅自接電者；

（二）包燈用戶在原定電燈盞數及燭光（或瓦特）以外，私行增加盞數或燭光（瓦特）數者；

（三）繞越或毀壞電度表限制表，紊亂表線或破壞表外電線者；

（四）阻滯或擾亂電度表限制表之準確程度，以圖減少應繳電費者；

（五）故意損壞改動，或僞造電氣事業人所置之表件設備，或表外保護物之封誌或封印者；

29-1

（六）在電價較低之綫路上，私接電價較高之電器者；

（七）可向電氣事業人直接購電，而向他人購用竊來電氣者；

（八）其他以竊電爲目的之行爲。

第三款至第五款之情形，如表件不在用戶保管範圍以內者，用戶不負其責。

第四條　電氣事業人查獲竊電實據時，應有在職警務人員一人，或地方主管機關人員一人，或第三者二人以上之證明。如另有文件或照片者，亦得證明之。

第五條　凡竊電者經查獲實據後，電氣事業人除得依法起訴外，幷得依本規則向其追償電費。如遇執行困難時，得呈請地方主管機關或高級機關處理之。

第六條　有竊電嫌疑者，恃强拒絕檢查時，或竊電者未照本規則繳足應償電費時，電氣事業人得停止供給其所需之電氣。

第七條　電氣事業人就查獲竊電者所裝電燈，電扇，電熱用具，電動機，或其他電器全部用電設備，分別性質及其瓦特或馬力數，以所接線路每日平均供電時間，作爲用電時間計算，照價追償電費一年。但用戶竊電者，須減去最近一年內已繳之電費。

電氣事業人開業或用戶接電未滿一年者，以實在供電日數爲準。

第八條　凡竊電而致有妨害公安或損害電氣事業人財產之結果者，除照前條規定追償電費外，得依法訴請追償財產及其他一切損失。

第九條　電力電熱或其他電器之價格，未經電氣事業人規定者，照電燈價格追償電費。

第十條　電氣事業人追償表燈及包燈用戶電費時，分別以電度價及包燈價計算。

第十一條　竊電處所查獲電動機，每一馬力以八百瓦特計，電燈每燭光以一瓦特計。查獲燈座插座或接綫頭而未查獲燈泡或電器者，每個以五十瓦特計，概照電燈價格追償電費。

查獲未註明用電數量之電器者，應呈由地方主管機關鑑定之。

第十二條　竊電者如指出實施竊電工事之人，而經證實者，得減免追償電費部份百分之五十。

第十三條　關於電費追償事宜有爭執時，除已依法起訴者外，得請地方主管機關裁決。

第十四條　檢查竊電及舉發竊電獎勵辦法，電氣事業人得自行訂定，呈請地方主管機關備

301

案。

第十五條　本規則施行後，民國十九年四月二十四日建設委員會公布之『電氣事業人檢查竊電及追償電費規則』應卽廢止。

第十六條　本規則自民國二十二年四月一日起施行。

31

企業意見書

（電氣事業註册表式一）

（一）名稱（名稱須冠以省市縣字樣）

（二）企業性質（註明公營民營或官商合辦）

（三）組織（註明獨資合夥或公司及公司之性質）

（四）發電所所在地（註明詳細地址）

（五）事務所所在地（註明詳細地址）

（六）營業種類（電燈電力電熱或兼營其他事業之名稱）

（七）投資總額及籌集方法（註明資本總額目前實收數及其籌集方法如有長期債款須一併註明有公司章程者須一併附呈）

（八）營業區域（註明區域內所有重要城市鄉鎮名稱並繪具營業區域圖同式四份一併附呈區域內如已有其他電氣事業應詳細開列并聲明處理辦法）

附註：塡寫數字須一律用阿拉伯字碼款額須一律用國幣爲單位

首席聲請人署名蓋章　　　　民國　　年　　月　　日

32

創業概算書

(電氣事業註册表式二)

(一)發電設備費 發電所土地建築機器及電氣設備等之購價及裝運等費	元
(二)輸電配電設備費 桿綫配電所土地建築及一切設備與屋外變壓器等之購價與裝運等費	
(三)用電設備費 接戶線電度表出租機件路燈設備及特約用戶設備等之購價及裝運等費	
(四)業務設備費 事務所土地建築傢具修理運輸遞信試驗等設備之購價及裝運等費	
(五)流動資金	
(六)其他創業事務費	
總計	元
說明	

附註：填寫數字須一律用阿拉伯字碼款額須一律用國幣爲單位

首席聲請人署名蓋章　　　　民國　　年　　月　　日

33

收入概算書

（電氣事業註册表式三）

(一) 電燈			年收	
		元 角 分		元 角 分
(甲)表燈制　全年用電約　度	每度			
(乙)包燈制　瓦特約　盞	每盞每月			
瓦特約　盞	每盞每月			
瓦特約　盞	每盞每月			
(二) 電力				
全年用電約　度	每度			
(三) 電熱				
全年用電約　度	每度			
(四) 其他				
總　計				元 角 分

附註：填寫數字須一律用阿拉伯字碼款額須一律用國幣為單位

首席聲請人署名蓋章　　　　民國　　年　　月　　日

34 支出概算書 (電氣事業註册表式四)

款 目	年 支
(一) 薪金 職員薪金(如有伙食一併列入)及董事車馬費等	元
(二) 工資 工匠及公役等工資(如有伙食一併列入)	
(三) 燃料 發電用煤或油等燃料之購價及運費	
(四) 購電費 向其他電氣公司購買電流之費用	
(五) 潤滑油 各項潤滑機器之油脂等費用	
(六) 消耗 日常消耗之各種物料	
(七) 修繕 房屋建築及各項設備之修繕費	
(八) 租費 土地房屋及各項設備之租費	
(九) 事務費 車旅運輸廣告印刷郵電交際醫卹及財務律務費等	
(十) 保險 房屋建築及各項設備之保險費	
(十一) 呆賬 本屆攤提之呆賬準備或劃銷之呆賬	
(十二) 稅捐 繳納中央或地方政府之報効金及稅捐	
(十三) 折舊 房屋建築及各項設備之折舊	
(十四) 債款利息 各項長短期債款應付之利息	
(十五) 其他費用 其他未列於上項科目之費用	
(十六)	
總 計	元
說明	

附註:(一)填寫數字須一律用阿拉伯字碼款額須一律用國幣爲單位
(二)如收支有虧應聲明彌補方法及將來計劃

首席聲請人署名蓋章　　　民國　年　月　日

工程計劃書

（電氣事業註册表式五）

發電總容量（瓩）				電氣方式	流	相	週波

發電設備								
鍋爐	種類及式様	座數	每座受熱面積	每座蒸發量	汽壓	汽温	製造廠	裝置年月
原動机	種類及式様	座數	每座容量（馬力）		與發電机連接方法		製造廠	裝置年月
發電机	種類及式様	座數	每座容量（瓩）		電壓（伏）		製造廠	裝置年月

綫路設備	電壓（伏）	總長度（公里）	電綫種類及粗細	電桿種類	變壓器總容量（千伏安）	配電所數目
輸電						
高壓配電						
低壓配電						

用戶電壓	電燈用　伏	電力用　伏	電熱用　伏	其他　伏

較驗電表設備	
燃料之種類來源及價格	
預計全部工程何時完成	
預計每度發電消耗燃料若干公斤	
預計每度電成本若干分	
將來擴充計劃	

附註：（一）填寫數字須一律用阿拉伯字碼款額須一律以國幣爲單位

（二）如向他廠購電須將購電合同一併附呈

（三）如係水力發電須將詳細工程情形另具報告一併附呈

主任技術員署名蓋章　　　　民國　　年　　月　　日

36 營業章程概要 218　(電氣事業註册表式六)

(一)每日供電時間

(二)詳細電價及其他收費

(甲)表燈價格

(乙)包燈價格

(丙)電力價格

(丁)電熱價格

(戊)其他收費(保證金接電費復電費等)

(三)其他關于電氣事業人與用戶相互間之權利及義務

附註:(一)填寫數字須一律用阿拉伯字碼款額須一律用國幣爲單位
(二)其已擬有或印有營業章程者須一併附呈

首席聲請人署名蓋章　民國　年　月　日

首席聲請人及主任技術員履歷書

（電氣事業註册表式七）

(一)首席聲請人	(甲)姓名　　年歲　　籍貫
	(乙)學歷
	(丙)經驗
(二)主任技術員	(甲)姓名　　年歲　　籍貫
	(乙)學歷
	(丙)經驗

附註：(一)如係公營電氣事業首席聲請人應爲廠長

(二)學歷經驗應註明時期年月

(三)主任技術員應附呈畢業證書或服務證書之攝影或抄本

(四)三四等電廠得以技術顧問替代主任技術員

首席聲請人署名蓋章　　　　民國　　年　　月　　日

38

地方政府
或主辦機關 對於設立電氣事業意見書 （電氣事業註册表式八）

（一）當地人口及戶數 26

（二）當地商業情形及主要出產

（三）創設電氣事業之主旨

（四）營業區域內有何工業有需用電力之可能及預測各業所需馬力數

（五）貨物運輸方法是否便利

（六）營業區域內已否設有電氣事業現在已否停辦及停辦年月

（七）對於所呈營業區域圖之意見

（八）對於所擬電價之意見

（九）其他事項

附註：本表應由聲請人於呈送註册書圖時送呈主管市縣政府或主辦機關塡寫轉呈

地方政府或主辦機關長官署名蓋章　　　　民國　　年　　月　　日

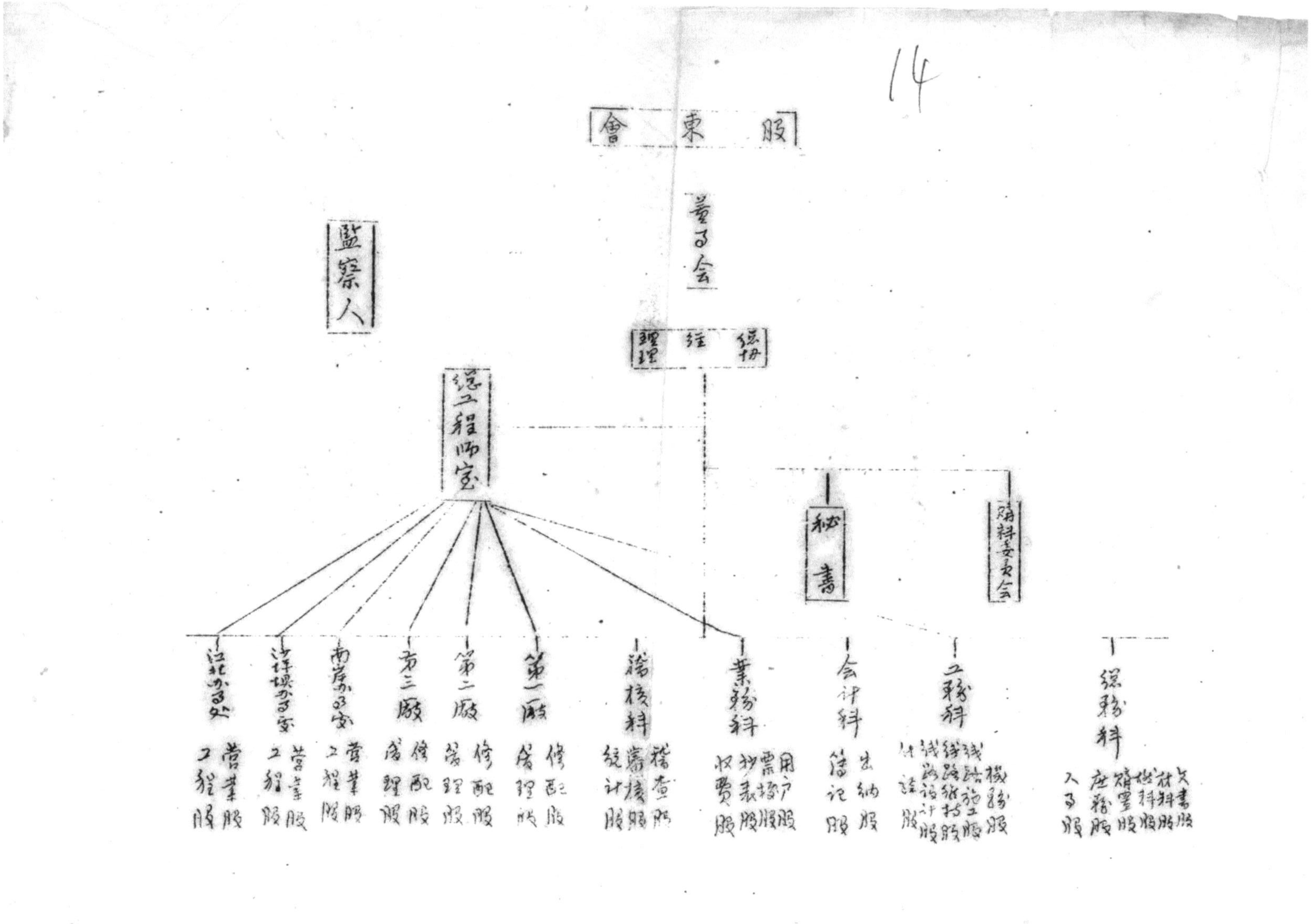

重庆电力股份有限公司组织系统表（时间不详） 0219-2-70

二、会议纪录

重庆电力股份有限公司董事会第一次会议纪录（一九三五年一月二十二日） 0219-2-320

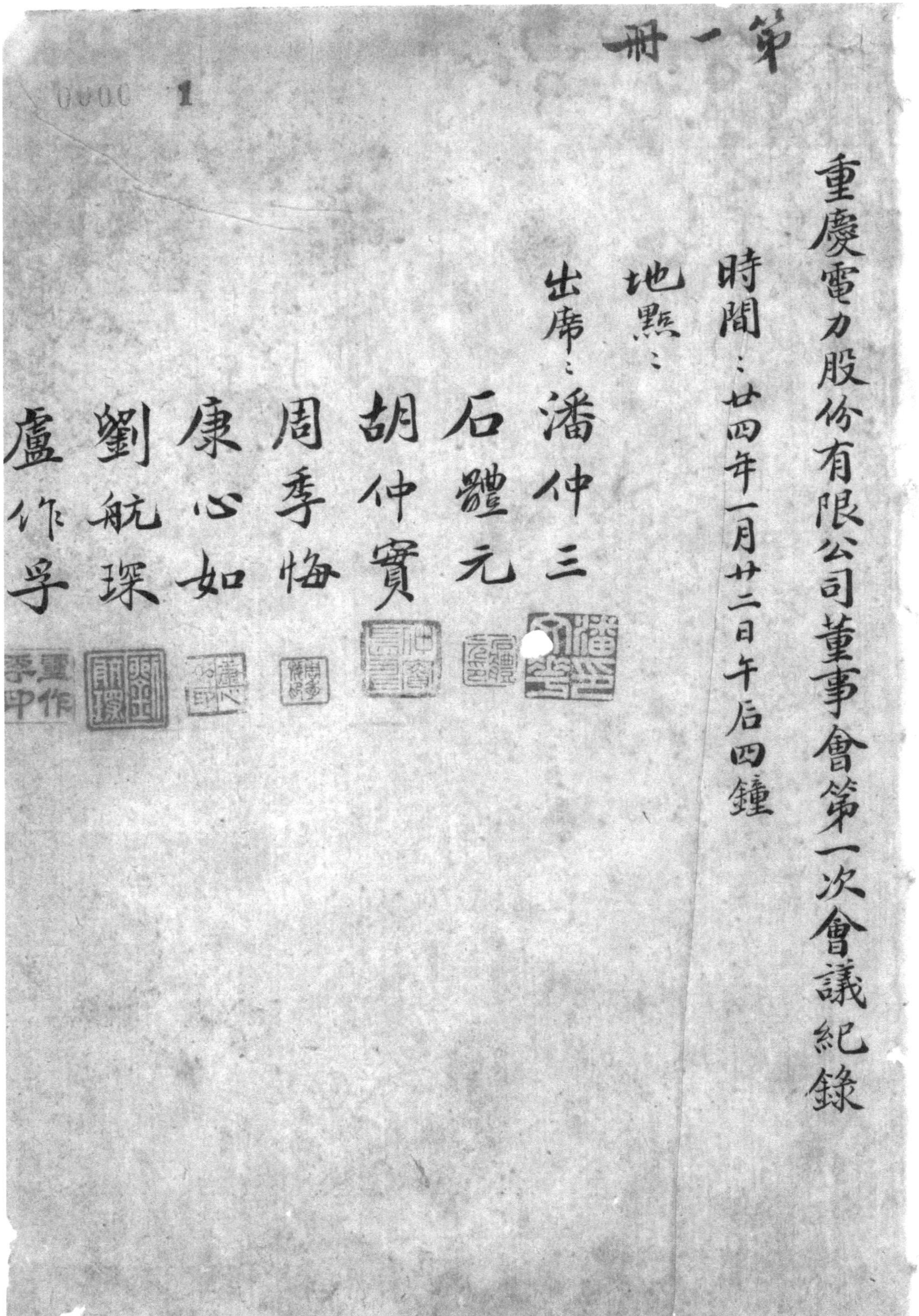

第一册

0000 1

重慶電力股份有限公司董事會第一次會議紀錄

時間：廿四年一月廿二日午后四鐘

地點：

出席：潘仲三 石體元 胡仲實 周季悔 康心如 劉航琛 盧作孚

14.

陳懷先 陳懷先章

臨時主席 劉航琛

開會

決議事項

一 公推潘仲三為董事長，康心如、胡仲實為常務董事

二 董事長、常務董事今日就職開始辦公

三 依照公司法規由發起人造報經過帳項

四 推定周董事季悔、胡監察汝航照章檢查賬本並呈請建設廳派員檢驗

五　推定石董事體元審定公司章程

六　推定傅監察友周胡董事仲實照章擬定全部營業計劃呈報

七　公司設置總經理一人綜攬全體事務下設總務會計業務工務四科并置總工程師一人兼任工務科長

八　公推劉董事航琛任總經理由董事會備函聘請併由總經理酌定委任

九　籌備處臨時營業部定一月底一併結束移交公司

十　關於華西公司建築工程已完成者交由籌備處審核至月底一併移交未完之件自二月一日起全交公司

十一 華西代管工程自應定約期滿由公司遴派人員接收

十二 關於公司立案登記事項現公司既已依法組織正式成立應照規定備具手續聲請辦理

十三 籌備處人員過去人少薪微頗著勤勞各股主任尤未支給與焉現既定期結束着給與金壹萬伍千元分給三股主任及全體職員以示酬庸

五點五十分散會

重庆电力股份有限公司董事会第二次会议纪录（一九三五年三月二十日） 0219-2-320

重慶電力股份有限公司董事會第二次會議紀錄

時間：廿四年三月廿日午后四鐘

地點：模範市場本公司

出席：潘仲三 石體元 張必果 胡仲實 甘典夔 周季悔 傅友周

陳懷先（陳懷先章）
盧作孚（盧作孚印）
胡汝航（胡汝航印）
主席 石體元
紀錄 張念祖
開會
宣讀上次紀錄
討論事項
一 本會辦事人員設置案
議決：本會日常事務指定總務科文書股主任張念

祖兼辦并添派辦事員一人管理卷宗繕寫文件

二 本公司股票管理案

議決：本公司股票之登記發行過户領息等事項概由會計科管理在開辦時間事務較繁得由總務科臨時指定公司其他職員襄助

三 總經理提職員薪級表案

議決：所提職員薪級表等級較少於職員按年進級殊感不便交由總經理修正提出下次董事會討論至總經理薪俸定爲十級自三百元起每進一級加薪四十元至七百元止

四　討論本公司辦事細則案

議決：照案通過

五　討論電燈營業章程案

議決：修正通過

修正要點：電燈用户每感低度過高用電不及底度亦應照低度認費照章程草案原定低底改為四折即原定底度為十度者改為四度餘推類

六　討論電力營業章程案

議決：修正通過

修正要點：將每匹馬力每月用電基本度數取銷原

00005

草案五十匹馬力以上之用户始得另訂合同照定價酌減電費之規定改為十馬匹以上之用户即另議減價

七

討論電熱營業章程案

議決：修正通過

修正要點：草案規定之底度取銷以後即照實用度數收費以資推銷

五點四十分散會

重庆电力股份有限公司董事会第三次会议纪录（一九三五年四月十二日） 0219-2-320

6

重慶電力股份有限公司董事會第三次會議紀錄

時間：廿四年四月十二日午后四鐘

地點：模範市場本公司

出席：傅友周 周見三 陳懷先 甘典夔 胡仲實 劉航琛 周季悔

胡汝航

胡汝航印

主席　胡仲實

紀錄　張念祖

開會

宣讀上次會議紀錄

討論事項

一　電力營業章程經第二次會議通過惟事務會議認為章程內電力電價及基本度數兩點有修改之必要提請覆議案

議決：基本度數一項為推銷電力起見仍照第二次

董事會議決取銷但為顧全公司損失防範用户裝置給電設備後因故長時期停止用電計日另以條文規定如電力用户停止用電於相當時間以內必須通知公司否則應負賠償責任

電價一項照事務會議各點修正

二 電熱章程經第二次會議通過事務會議認為底度一項有規定之必要提請復議案

議決：公司新創必須推廣銷場暫時仍不規定底度以後得斟酌情形提出修改

三 戲院茶樓餐旅館及其他公共場所或營業不穩固之用

户電費應以半月一收以防倒騙案

議決：通過惟上列各種用户之經理或負責人信用昭著或有相當保證者仍一月收費一次

四　討論用户接户線敷設章程草案

議決：交常務董事審查

五　討論街线補助費章程草案

議決：交常務董事審查

六　討論職工撫卹規則草案

議決：交胡監查汝航審查

七　討論職工奖懲規則草案

議決：交胡監察汝航審查

八 討論窃電規則草案

議決：交常務董事審查

九 總經理提修正職員薪級表案

議決：交胡監察汝航審查

十 董事會章程訂定案

議決：由常務董事起草提付下次會議討論

十一 購買老鼓樓地基建築公司辦公地點案

8

十二 本公司應聘請常年法律顧問案

議決：敦聘胡大律師汝航為本公司常年法律顧問

由董事會協議訂約

六時散會

重庆电力股份有限公司董事会第四次会议纪录（一九三五年五月二日）　0219-2-320

重慶電力股份有限公司董事會第四次會議紀錄

時間：廿四年五月二日午後四鐘

地點：模範市場本公司

出席：康心如　劉航琛　周見三　石體元　胡仲實　胡汝航

主席　石體元

紀錄 張念祖

開會

宣讀上次會議紀錄

討論事項

一 決定負責人員接收籌備處移交案

議決：公推周董事見三負責接收

二 舊廠機器房屋廢料如何處理案

議決：(甲)舊廠機器派工程人員檢查後由重慶各機械廠

投標修理擦油裝箱相機出售

(乙)所存廢料如電桿電线廢鐵等應檢查逐

否成材及其破壞程度分別提用及拍賣打水機為整理電機之一部應全部合賣不能摘賣

(丙)廠房應保火險並保額若干請總經理酌辦

三 電話所電費應否照自來水公司電價計祘案

議決：電話所用電之量與自來水公司比較相差甚遠且自來水公司電力電燈同裝一表係前營業部立開創之初一時權宜辦法不能援以為例應照公司營業章程電力電燈分別裝表分別計價

四 電話所所裝馬達不合規定應否供電案

議決：照本公司章程規定一馬力以上之電動機須用三相馬達應將必用三相馬達之理由及單相馬達之危險函知電話公司如必以已購之七馬力單相馬達勉強供用以後發生燒壞機器等事本公司不負責任

五　建築電器修理室化驗室紅爐房校表室案

議決：函請華西公司依照該擬圖式估計詳細工程材料預算商同本公司總經理辦理

六　前與華西公司所訂合同以外之綫路可否仍由華西公司代為敷設案

議決：由本公司派工程人員會同華西公司測勘會同以

外尚有若干线路將所需材料工程數目及其
價值詳細計算交本會會議再決

七　添購變壓器以作損壞掉換及增設線路之準備案
議決：照本公司工程人員所擬數量添購以作準備

八　股東范紹增所繳股本係以總金庫期票壹萬零捌百伍拾元交公司殊此項期票届期未能兌現前籌備處亦未如期照政府規定辦法登記掉換以現在情形論已受過期之損失應如何處理案
議決：請籌備處負責人與范股東交涉以現金換回總金庫期票如不負錯過期間之損失即由公司將此

九

期票照政府規定辦法掉換新公債保存

胡仲實董事報告審查接户綫敷設章程桿綫補助費·章程檢查窃電及追償電費章程

議決：接户綫敷設章程桿綫補助費章程照審查意見修正通過

檢查窃電及追償電費章程因建設委員會公佈之電氣事業人檢查窃電及追償電費規則第十一條有本規則公佈後各電氣事業人所訂取締窃電章程一律無效之規則本公司即無另訂此項章程之必要應另擬獎勵密報窃電規則

12

以補助公司稽查用户窃電

十 胡監察報告審查職工懲獎規則職工撫卹規則及職員薪級表

議決：職工懲獎規則及職工撫卹規則照審查意見修正通過

職員薪級表每上一等之最低級金額似不應比下一等之最高級金額為多即下一等之最高級金額必須超過上一等之低級金額參照美豐銀行薪級表修正提付下次會議決定

五時四十分散會

重庆电力股份有限公司董事会第五次会议纪录（一九三五年五月二十四日）　0219-2-320

13

重慶電力股份有限公司董事會第五次會議紀錄

時間：廿四年五月廿四日午后四鐘

地點：模範市場本公司

出席：石體元

胡仲實

潘仲三

陳懷先

甘典夔

劉航琛

胡汝航

周見三

主席　石體之

紀錄　張念祖

開會

宣讀上次紀錄

報告事項

一　總務科科長袁玉麟報告公司營業狀况

討論事項

一　改訂公司營業章程以從前會議通過之電燈電力電熱營業章程桿线補助費章程用户接户线章程

14

五種合併訂定案

議決：照總經理所提改訂草案通過

二 討論修正職員薪級表案

議決：修正通過

照原表將等所銷分為三十八級

三 討論工務科清理檢查舊廠機器廢料之經過及修處分之意見報告案

議決：根據工務科報告以可用材料提留備用其餘廢料

廢鐵估價標賣即以售得之款作修理費用

四 公司立案手續應如何從速辦理案

議決：公司應從速向實業部及建設委員會立案，前因未確定負責辦理立案手續人員，故遲至今日尚未呈具，依辦法現決請由總經理聘請專门人员速為辦理。

五 本公司法律顧問可否改聘明誠法律事務所名律師案

議決：改聘明誠法律事務所名律師為本公司常年法律顧問，全年支給名律師公費洋共壹千元正。

五點二十分散會

主席 石體元

重慶電力股份有限公司董事會第六次會議紀錄

時間：廿四年七月二日午后四鐘

地點：模範市場本公司

出席：石體元 郭文欽 張必果 周季悔 周見三 劉航琛 胡汝航

盧作孚

陳懷先

胡仲實

主席　石體元

紀錄　閻倬雲

開會

宣讀上次會議紀錄

報告事項

一　總務科科長袁玉麟報告公司營業狀況

討論事項

16

一

討論職工懲獎規則及撫卹規則案

議決：修正通過

修正要點：(a)職工懲獎規則

1.第十四条原草案職工服務一年勤勞称職者即得請給休息假二十日兩年者五十日依此類推若服務至十年者得給假二百餘日此時人人請假公司將無職工辦事此條可修改為「職工繼續服務已滿三年勤勞称職絕少請假者其次年得由公司酌給休息假至多不得逾三十日假期內照常支給薪金」

(六)職工撫卹規則

1、第二條(四)項繼續服務五年以上者因公傷亡僅按月給予最後薪工金額四分之一之卹金似不足充喪葬之費且期限未定易生問題原草案改為"繼續服務在五年以上者除照(三)項給予十個月一次卹金外并年卹每月六分之一其期限最多不得過五年"

2、(七)項因(四)項已給一次卹金毋庸另給喪葬費刪去

3、第四條原草案改為"繼續服務三年以上之職工六年未滿者卹五月六年上十年下者八月十年上十五年下者十月十五年以上除給十月卹金外年給卹金每月六

分之一至五年止

二　總經理提籌款五萬元建築公司辦公房屋案

議決：公司辦事房屋既不敷分配年納鉅量租金復不合算當以自建房屋為宜惟所需材料費是否五萬元足以敷用請總經理擬具建築圖案估計詳細工程材料預祘交下次會議決定

三　續招見習生卅名以資辦事案

議決：通過

四　擬辦電業刊物電業專書增設圖書室以資造就電氣專门人才案

議決：照擬通過

五　討論江北辦事處組織大綱及辦事細則案

議決：照擬通過，惟組織大綱第十一條所載係辦了手續，可移入辦事細則內

六　石董事提擬廠房添置變汽壓器門一部，俾新機汽壓降至舊機相埒，一旦新機失靈，舊機立可僅車供電，免致有停電數小時之虞案

議決：照擬購置變汽壓器門一部，以一新舊機之汽壓而收同一立時供電之效能

五時卅分散會

主席　石體元

重庆电力股份有限公司董事会第七次会议纪录（一九三五年八月二日） 0219-2-320

重慶電力股份有限公司董事會第七次會議紀錄

時間：廿四年八月二日午后四鐘

地點：模範市場本公司

出席：周見三 石體元 胡仲實 周季悔 張必果 劉航琛 胡汝航

主席 周見三

紀錄 闞倬雲

開會

宣讀上次會議紀錄

報告事項

一 會計科科長朱小佛報告廿三年臨時營業部及廿四年二月正式開始營業後收支盈虧狀況

二 石董事提以頃據朱科長報告本公司除由市府撥來者金庫收款據壹拾柒萬壹千伍百伍拾玖元玖角壹仙外尚差資本保額拾餘萬元可否照章程內所載貳百萬元之股欵

19

如拔募足以資整理案（2）查利益分配建委會規定不得超過百分之八十今章程訂定股东官息八釐红利七十分顯與建委會規章相違至於官息或红利成分減少以符定章案

議決：(1)股款照章募足弍百萬元

(2)利益分配官息仍照章程訂定八厘不變红利可由百分之七十減為百分之六五餘五厘即提存公司特別公積金以與建委會規章相符

討論事項

一 討論處理窃電規則案

議決：修正通過

修正要點：1、第四章第十二條原文中之『主管長官』四字因

本公司非同官廳可改為『主管人員』四字較善

2、第十七條(三)項原案中『百分之十四』之獎金增為

『百分之十六』(四)項『百分之六』增為『百分之八』(五)項『百分之二十』

減為『百分之十六』餘均照擬施行

二　追認派遣吳工程師錫瀛赴英考察電氣事業往來旅費

及考察期內月給薪金半數案

議決：既為公司儲人才所有旅費及考察期內津貼應予追

認

三　周董事季悔提請黄太冲會計師代擬本公司電氣工業會計科目案

議決：由公司函請黄會計師代訂本公司會計規程，酬勞費後送。

四　石董事提華西因所包全部工程勢將完竣，屢函催請派員查勘驗收，擬請經理部尅日成立工務科，派員驗收，以便確定公司每月經費預算數目案

議決：由董事會函請劉總經理尅日將工務科組織成立，遴員辦理，以便勘收華西所包全部工程而定每月經費預算數目。

五時廿分散會

主席 周見三

21

重慶電力股份有限公司董事會第八次會議紀錄

時間：廿四年九月五日午后五鐘

地點：模範市場本公司

出席：石體元

周見三

張必果

劉航琛

康心如

周季悔

胡汝航

主席 康心如

紀錄 闞倬雲

開會

宣讀上次會議紀錄

報告事項

一 總務科科長裘玉麟報告公司七月份營業狀况

二 曾子唯用電不給費聲称與公司訂有條約如何辦理案

議决：函前籌備處詢問對曾子唯用電曾否訂有其他契約行為再由總經理名義根據籌備處覆函請其付費否即實行剪火停止供電

22

三 帳內計列各住戶遷居無法追收之呆帳如何處理案

議決：除奉謀圖六電臺所欠電費仍可設法催收外其餘實際呆帳僅六五、三五元為數無幾即由公司收款項抵銷

四 查公司標賣前燭川廢料其中廢線一項僅民生公司以最高標價每卫、二角五仙認買與公司計定最低標額相差懸遠倘擇尤自用在廢線中亦僅十分之四可用且高壓線粗細不等低壓線外皮亦多破壞若再加人工修理雖、惟計費甚大即施之工程亦危險實多此項廢線究竟如何處理案

議決：廢綫既粗細不勻，壞亦復多，施之工程又覺危險，不若照民生公司所報二角五仙之標額售去，日後需用綫料時另由公司備價購買新綫，較為一勞永逸。餘存廢鐵既無人投買，似可緩俟異日出售。

五

劉總經理提擬自九月份起按照七月份收數四萬四千餘元之標準，除事業費需洋貳萬元，貸款子金需洋八千五百餘元外，函事業費非為用戶之接戶綫設備萬不可少時，其餘一概設備能緩亦緩，函照表再辦，年底決不再事建設，餘積之款即作年底發息配紅支付，可否之處請付表決

23

議決：照此辦理，惟上月份經理部與備械廠訂立之用電合同及已定購之變壓器二十具可為例外，可作專案辦理。

討論事項

一　公司立案手續案

議決：催促華西公司經理陸叔言從速完成營業計劃書及整理創立會決議錄，以便交付劉總經理攜帶赴蓉向建廳辦理備案各項手續。

二　增加股額辦法案

議決：發起人股額照章須認足全資本額二十分之

一方為合法茲本公司各發起人僅共認股本洋陆萬叁千元尚不足三萬七千元除由潘仲三康心如各加認股本洋壹萬元外劉航琛再加認式萬元共湊成壹拾萬零叁千元以足法定之數至式百萬元之資本總額尚差壹拾玖萬柒千元即分由各董監再擔募自壹萬元至兩萬元之散湊足總額以便辦理一切登記事宜

三　從速組織工務科以便派員辦理接收華西工程案

議決：華西所包全部工程尚有南岸過江綫專設未竣者已完工者由公司尅日組織工務科派員辦理

理接收未完工程由公司函催限日完成移交
至接收工程鑑定人員即函請邵丙山傅友周
兩君向南京建委會商聘電學專家來渝檢
驗鑑定

六時五十分散會

主席康心如

重庆电力股份有限公司董事会第九次会议纪录（一九三五年十二月二十日） 0219-2-320

重慶電力股份有限公司董事會第九次會議紀錄

時間：廿四年十二月二十日午前十一鐘

地點：模範市場本公司

出席：胡仲實 周季悔 石體元 陳懷先 潘仲三 劉航琛 康心如

25

主席 康心如

紀錄 閻倬雲

開會

宣讀上次會議紀錄

報告事項

一 朱科長小佛報告公司九十兩月份收支比較狀況并開辦至今營業收支比較毛益概略以及市府房捐撥電力廠貸股增加柒拾萬除卅萬撥作官股外其餘肆拾萬照市府訓令抵補收買舊廠損失及路灯設備與遷費滙水子金開辦費等項不足情形因以上各項約計洋壹

26

百萬餘元除捌拾萬元抵補一部份外餘數以百分之十八攤撥利息百分之十二攤撥達費至灘水則照實付金額分別撥入各組資產項下

議決：所報九十兩月份收支情形已呈市府蒙撥電力廠負股增加項下除卌萬作官股外餘捌拾萬當時議決係作收買舊廠損失及路燈設備與開達灘水子金等項補助費而舊廠機材各項廢料亦尚可變價補償當然捌拾萬元祗能抵補上項等費之一部份不足之數照會計科之特帳辦法處理

二 報告公司劃分本市營業區域為二十四區理由

議決：照此辦理

三 報告九月十五日以前所收地鈔蒙受損失情形由

議決：地鈔損失係受政令八折影響並非辦理者之咎所受損失數〡〤〥〢千元應予核銷

四 報告拍賣舊廠廢料經過及所售金額數目並請示原存機械應否裝箱案

議決：據報拍賣經過情形已悉所售貨款洋〣〤〩〩千元即收入會計科帳收餘存機材暫緩裝箱由公司擦油保存函請民生華西兩機械廠代為設法變賣至

於廢鐵等類責由公司全權擬具辦法出售

五

報告華西公司送來三十號三十二號路灯工程驗收証正副二聯業已派員會同該公司所派監交人員暨路灯管理接收人員逐一點交清楚三方簽字由

議決：路灯工程既經三方派員點交清楚簽字各執關係當隨安隨交以便收取灯費函管理所函稱路灯三千餘盞問題查公司前與該公司訂立路灯合約並未載明數量可函管理所說明前義函公司所用之路灯設備費係~~[illegible]~~係指電廠工程合同內所載凡高壓線五里低壓線五十英里所函之地

之安裝各路灯材料費而言高壓线五里低壓线五十英里所經過之路灯均已安裝完畢以後該所對於路灯或遷移或裝置或撤消均須自行管理不與本公司相涉

六 報告建廳批示公司擬具章程等件呈請備案一案已蒙批准由

議決：第一步建廳備案手續已續完至第二第三兩步驟登記手續所有應需各項文件請由公司年內趕辦完竣交正則事務所代向全國建委會辦理登記

28

討論事項

一 證券交易所請委托開拍股票案

議決：函復證券交易所本公司現正辦理立案手續正式股票尚未發出俟將各項手續辦理完竣再行函託開拍云

二 公司職工請援杭州首都兩電廠先例優待職工家庭用電辦法案

議決：公司現時尚在折本期間且行營公務員七折通令尚未交涉收回以前各職工似不應於此時提出優待被人藉口此案可暫保留俟公司獲有贏餘時

再行據付表決

三　公司因營業上需要訂購電錶三千只共計貨洋[illegible]元請照數追認案

議決：電錶為營業上供應必需之物應亟先事籌措所訂電錶三千只之貨價洋[illegible]元當予照數追認

四　前次函託邱丙山君代向全咏建委會商聘電氣專門人才來滬鑑定嘉西路電廠全部工程茲據邱君覆函已請託伊之至好電力專家湯北恒君前來接收湯君住址探詢世來洋行錢崇蔭君便知查湯君既已到滬究應如何辦理請付商討案

29

議決：由公司備函致聘

五　電廠工程處函呈請添聘中醫一員俾資治療，並已聘定國醫師曾馨臣君擔任月支薪金法幣四十元請追認案

議決：照數追認

六　袁科長提行營公佈公務員七折付納電費公司損失太大請商處理案

議決：由總經理擬具處理辦法提付下次會議表決

七　公司未認足之股本洋捌拾萬元前經第八次會議議決分函各董監各擔募壹至弍萬元之股款並屆年終擬請開

照認股數目以便辦理第二第三兩步登記事宜案

議決：未認足之股本由各董監分擔數目緩緩招募

至登記事宜已請公司將應需文件辦妥交由正

則事務所代辦

一時二十分散會

主席 康心如

重庆电力股份有限公司董事会第十次会议纪录（一九三六年一月一日） 0219-2-320

重慶電力股份有限公司董事會第十次會議紀錄

時間：廿五年一月一日午后四鐘

地點：模範市場本公司

出席：劉航琛

張必果

康心如

胡仲實

陳懷先

石體元

周季悔

胡汝航
周見三
主席 康心如
紀錄 閻倬雲

開會

宣讀上次會議紀錄

討論事項

一 本公司自去年二月即已開始營業辦事迄今各登記及股額各項手續皆未完成依法均有不合應如何處置案

議決：自民國廿四年十二月卅一日以前作為籌備時間

31

廿五年一月一日起始作為公司正式成立

二 預繳各股本如何給息案

議決：所有本公司之債務除有契約行為者外如預繳股本等完全以週息八厘祘給

三 行營批令減收電費案

議決：機關用電可由總經理酌商折扣辦理至職員則因稽考困難損失太大萬難承認請公司推具意見提供行營採擇施行

四 職員年終應否酌予津貼案

議決：(a) 際此年終本公司各職員應予津貼以示獎

勸其津貼法則按照各職員廿四年度所得一月之薪金依其服務月份比例發給

(七) 自廿五年起職工薪級之高低視其平日能率效率之大小擬定之

五　因營業需要添置機器設備案

議決：資金之來源機材之選購等項由總經理擬具詳細計劃交下次會議提出討論

五時廿分散會

主席　康心如

重庆电力股份有限公司董事会第十一次会议纪录（一九三六年六月二十二日） 0219-2-320

32

重慶電力股份有限公司董事會第十一次會議紀錄

時間：廿五年六月廿二日午后四鐘

地點：模範市場本公司

出席：

潘仲三 石體代

石體元

陳懷先 體代

胡仲實

27

劉航琛

周季悔

胡汝航（胡汝航印）

26

主席　石體元

紀錄　閻倬雲

搖鈴開會

宣讀上次紀錄

報告事項

33

一 朱科長小儒報告廿五年度一二三四月份營業狀況

議決：表報已經查閱無訛

二 報告待收電費及類似呆帳和呆帳之金額

議決：仍請總經理飭科繼續努力催收

三 報告行營通令減費交涉之經過及結果

議決：存查

四 辦理職用電流之經過

議決：由總經理具文請求行營查照南岸辦法頒行

取締法令

五 報告永遠租借南岸過江線鐵塔地權

議決：查本市及江北過江線鐵塔地權均由市府發給管業證由本公司永遠管業南岸過江線鐵塔地權事屬例永遠租借不另續買永歸自己營業為要請經理部查案辦理

六 報告興寶源煤礦公司訂立購炭合同

議決：照辦

七 報告廿四年度年終考績加薪金額

議決：各職工辦事勤能計加薪額照數追認

八 報告檢定工程人湯兆恒報告書之要點

議決：檢定工程人湯兆恒報告書內列各點既認甚為

司訂包本公司電廠全部工程優點較多請經理部健全工務科組織即行接收管理至該處缺點各項如非合同所載本公司應自行補加設備由經理部酌辦並檢定人公費由總經理斟酌送給本會予以追認可也

九 報告卅四年度決算報告總表

議決：報告備批存查

十 劉總經理報告本公司為因用户激增電力漸感不敷曾於第十次大會提議添置機器設備嗣因復據水坭公司來函謂該公司約計明年四月開工每日需用電力壹千啓羅瓦特本公司既負責允供給該廠電力更應急行添設本人到處詢

各機器廠接洽研究結果方悉購買六千啓羅瓦特機器兩部不如購置四千五百啓羅瓦特機器兩部既可省錢伍拾萬元之譜而使用力量復相差無幾且安裝便利故決定改購其價款分期交付約可賒欠兩年息金六厘至八厘當立遽訂立合同交付訂金機器一部十月交貨一部十一月交貨繼思若交付現金可享扣回子金利益籌集現款之方不外增加股本與發行公司債兩種蓋本公司股本現為壹百捌拾萬元再增加柒拾萬元共為貳百伍拾萬元公司債發行額擬照本公司股額發足上述兩端擬請召集一次臨時股東會決定並合同原文、到來立送寄專函取來交會審核此本公司第一步擴充計劃也其第二步擴充計劃則賣去三部壹千啓羅瓦特舊機再購兩部四千伍百啓羅瓦特新機與原有兩部共為壹萬捌千啓羅瓦特則本公司電力當可與外埠各大電廠並駕齊驅矣

議決：本公司因營業需要添置機件本會前已決定購辦曾通過原則交總經理負責辦理今據劉總經理報告經辦情形一切措施頗為允當本會應予全部追認函令同原文候劉總經理交到再為審核定增加股本與發行公司債兩節本會亦全體贊成即決定七月十日為召集臨時股東大會之期本會當於開會前繼續開

一二、會準備提交股東會一切文件并推胡監察汝航起草公司債募集方案

（乙）討論事項

一 討論嘉西公司代裝路燈自動開閉器具所列材料工程各費比較原單估價超出浮[illegible]應否追認案

議決：工資認給，材料費由總經理函請嘉西開列材料費單審查後再付

二 討論工務科組織表及其分配人員與薪額案

議決：由總經理核定後提交下次董事會覆議

三 討論市府令派工務處長楊能睿為公司監察案

议决：市政府为系股东之一，依法只能派其代表股权，不能中途改派监察，破坏公司法规。此件由总经理商请市府自动撤回。

四、讨论市府令饬完纳卅三年九月份起至卅四年十二月份止所欠营业年捐案

议决：本公司营业年捐市征收处现既成立，照章照缴市征收处。此件请由总经理商请市府撤回。

五、讨论公司事务所谢会计师函索公费洋壹千元案

议决：本公司立案事项前托谢会计师代办，公费原商定贰千元，应补送洋壹千元，以完手续，并由董事长总经

理數聘謝君為公司常年會計師向辦理本公司此後一

切會計案件每月備送律貼洋伍拾元正

六

討論市府抽借股本壹拾萬元加入公共汽車公司並令飭

本公司從速注册案

議決：苟非賣與非中國人，本公司股東本總可讓賣，惟須

先向市府聲明，立本公司設發之臨時股款收據，須

俟市府將前簽有關每月所給收據交還或立案作

廢方能補發。至於注册案已由市府呈報省府特請

實業部注册矣

六時卅分散會

主席 石體元

38

五時卅分散會

主席石體元

重慶電力股份有限公司董事會第十三次會議紀錄

時間：廿五年九月十九日午后四鐘

地點：模範市場本公司

出席：

石體元

周見三

康心如

盧作孚　周季悔代

周季悔

胡汝航

胡仲實

主席康心如

紀錄閻倬雲

摇鈴開會

宣讀上次紀錄

(甲)報告事項

一 襄科長報告廿五年度七八兩月份營業狀况

決議：表報已經查閱無訛存查

(乙)討論事項

一

昨奉市府轉奉 省府令准建設委員會復函謂本公司前呈註冊各項文件書圖逐一審查關於營業章程尚多未合且所定電力及電燈電價均屬太高業經函酌渝市社會經濟情形暨本公司營業狀況另行改訂並限本公司於本年十月一日起遵照該會審查單附開各點分別更正公告實行並飭關於註冊表式營業區域圖及工程各部份亦有未合亦飭一併遵照改正究應如何遵辦案

決議：對所指正各條款一律遵照辦理惟減低電價一層因意旨係鼓勵大量用電起見亦應絕對奉行

不過本公司籌備之初因受當時高滙影響負債過鉅且子金亦復太大迄今毫無利息可言而渝市洋油價值較電價高出數倍故市民之樂於用電對建委會限令減低電價一層根據上述理由並陳請展緩至明年七月一日起實行

二 華西社包本公司全部工程已由鑑定人湯兆恆君列具鑑定報告書函復公司認為優點較多即請負責接收人周見三董事指示日期約同華西完具驗收手續以便交由工務科負責管理案

決議：由周董事見三約集程本臧科長下星期一

午正十二鐘立省銀行商商接收辦法

三　收買廠基地收辦法如何決定案

決議：由總經理用書面請託建設銀行召集各地權人商籌出讓辦法本公司亦立合理的原則範圍內收買不必由官廳評判

四　聯工家庭用電請求五折優待案

決議：由總經理擬具優待聯工用電辦法交下次會議決定

五時卅分散會

主席康心如

重庆电力股份有限公司董事会第十四次会议纪录（一九三六年十月三十日） 0219-2-320

41

重慶電力股份有限公司董事會第十四次會議紀錄

時間：廿五年十月三十日午后三鐘

地點：模範市場本公司

出席：

石𥳑（攬）

潘仲三 石攬代

胡仲實

周季悔

盧作孚 季悔代

主席胡仲實
紀錄閻倬雲
搖鈴開會
宣讀上次紀錄
報告事項
一 袁科長報告九月份營業及收支實況
決議：表報已經查閱無訛存查
二 報告交涉收買大溪濟廠側地皮及地上建築物與訴
索價格經過情形
決議：由經理部在有利益的情態下與地權及屋

42

主人交涉收買

三 報告收買南岸過電站地皮陳榜文議價洋　仟元案

決議：照昨議價洋　仟元購買

四 報告各職員受訓費用約計撥

決議：照撥追認

五 報告參加防空協會設之急需設備

決議：因當設備不可緩者由經理盡量設備

六 報告新近招考見習生取錄名額不足預定之數設中途遇事撤職或因事他去及病假者即感不敷分配擬請再增考四名案

決議：照所擬補考四名

四時四十分散會

主席 胡仲實

重庆电力股份有限公司董事会第十五次会议纪录（一九三六年十二月二十九日） 0219-2-320

43

重慶電力股份有限公司董事會第十五次會議紀錄

時間：廿五年十二月廿九日午后四鐘

地點：模範市場本公司

出席：

周見三 到

康心如 到

胡仲實

胡叔潛 到

石.競

盧毓駿
周季梅

主席 康心如
紀錄 閻倬雲
摇鈴開會
宣讀上次紀錄
(甲) 報告事項
一 袁科長報告十月份十一月份收支概况
決議：兩月份表報均經查閱蓋章無訛備查

44

二 報告收買廢例地皮及地面建築物去後繼續辦理

決議：如數追認

三 報告訂購新機各合同內容、債款總價、閱運金額、及與慕西簽訂建築廢房合約情形

決議：此案由總經理辦理完畢再以函報董事會備查

（乙）討論事項

一 討論市府為曾子唯拍照纂備處認允借電不取代價原函並請備案令飭遵照案

決議：市府由公司呈覆列舉建委會規章并呈明

碍難破例理由曹子唯方面則由公司說明本公司未據籌備處移交無從照辦且當日籌備處另給有叁成元之酬勞不能再有電燈電扇電價之享受如再不付費即依據公司營業章程實行剪火

二　討論工人年終分享紅酬案

決議：依據建委會直轄各電廠「工廠規則」工人以日計工無分享紅酬之必要若全年無遲失之工人年終加給工資一月之獎金可也

三　討論職工家庭用電減費案

決議：暫以廿六年一年為試辦期期滿由董事會斟酌利弊再行核定

四 水泥廠電爐廠如何付費案

決議：該兩廠建設時期暫以八分付費若正式合約訂立即解除此約

五 擴充供電路綫案

決議：預先存儲材料俟期再行擴充

六時三十分散會

主席 康心如

重慶電力股份有限公司董事會第十六次會議紀錄

時間：廿六年二月一日午後四鐘

地點：本公司模範市場

出席：

石體元

潘仲三 石體元代

胡仲實

周季悔

周見三

康心如

主席 康心如

纪録 阎倬雲

搖鈴開會

宣讀上次纪録

報告事項

一 衷科長報告廿五年度盈餘分配案係遵照公司章程及第十五次董事會議決案處理其數字載在報告書帳目欄(下)表不再贅述

決議:廿五年度盈餘分配案均係照章分配為擬

二

通過

胡董事仲實提議謂盈餘分配案中所列職員酬金一項前據第十五次董事會決議以電廠工程全係嘉西公司代發電力公司尚未驗收所有該廠全體職員工無分享本公司此次紅酬之必要嗣據廠房職工來函謂工程雖係嘉西代發然職等所作者仍係電力公司之事電力公司之盈餘職等實與有莫大辛勞此次紅酬當與公司職工同一比例享受等語本席以該職工等所稱不無理由特此提出請付討論

決議：(一)嘉西公司所包電廠全部工程前本公司長此

延不接收纔屬糾紛請經理部立六月底前將驗收手續辦理完竣同時將工務科組織成立以便管理並請將嘉西將代發帳項澈底結清

（二）卅五年度職員酬金有重行研究之必要由公司與嘉西公司兩方面職員職工以事務員技術員工匠等名稱分別造冊交下屆董事會核定分配方法在此次紅酬未經決定之前各職工以年關在迩不無需要用由經理部暫行借支與公司方面職員三個月薪金額工人方面以一個月工資為限嘉西方面暫送五千元嗣後紅酬決定逐項借支即由酬金內扣除

提議事項

一 股紅息訂期何時發給案

決議：訂月底起發給股紅息

二 股東大會程序如何擬訂案

一 搖鈴開會

二 公推主席

三 審查股權

四 主席宣佈開會

五 董事長報告開會理由

六 監察人報告帳目

七　总经理报告廿五年度营业经过情形

八　董事长报告廿五年度盈余分配方案

九　股东临时提议

十　改选监察

十一　聚餐

十二　散会

六时二十分散会

主席　康心如

第二册

重慶電力股份有限公司董事會第十七次會議紀錄

時間：二十六年三月七日午后二鐘

地點：模範市場本公司

出席：

康心如

石體元

劉航琛

周見三

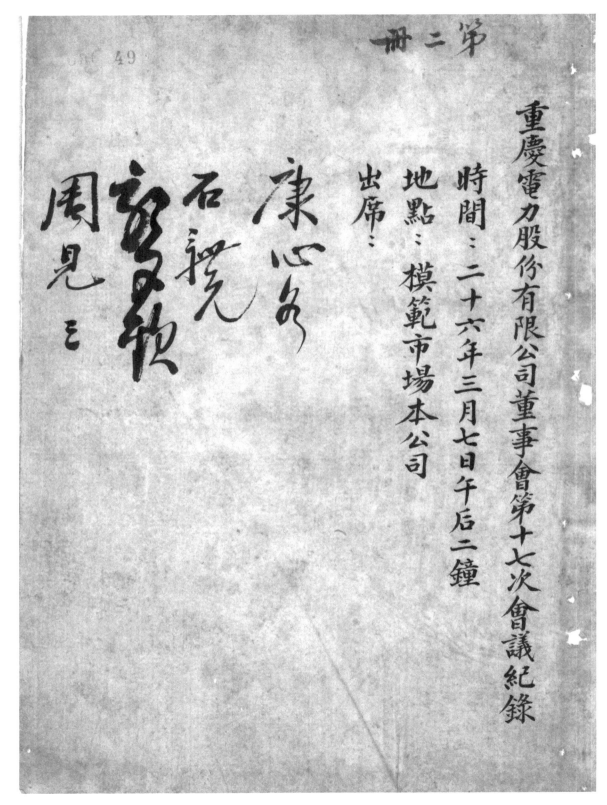

何思容
周季悔
劉航琛
胡仲實

主席　石體元
紀錄　閻倬雲
摇鈴開會
宣讀上次紀錄

50

(甲) 報告事項

一　總經理報告廿六年度一二兩月份營業狀況

決議：兩月份表冊均經查核無訛存查

二　總經理報告廿五年度提出之職員紅酬四萬四千餘元如何

處理法：(一)嘉西公司代管職員本不必由本公司另給紅酬但查

自前年嘉西完工以後嘉西各次增加薪級辦法代管職員

均未同樣待遇本公司自始稍為優遇照嘉西訂定薪級

給(津貼除外)每月一千七百一十二元發給五個月(二)代管

工匠照董事會議決案發一個月獎金(三)本公司職員發

普通紅酬半年其餘公司較晚或有升遷照廿五年

三

該日百分之五十發給（四）工匠照董事會議決案給獎（五）廠警茶厨提出弍千元分别給獎等语

決議：照總經理所擬各項辦法辦理，惟工務科長程本臧應照公司職員發給六個月紅酬以昭劃一

總經理報告程本臧科長在滬訂購零星材料共在呸幣洋十[illegible]萬[illegible]元請予追認案

決議：各項零星材料既為擴充所必需，當然照辦，惟九龍、鋪一帶設備費尚未列入，且該擬數目與現時行市徵有出入，不能確定，本會通過該擬原則，辦法至完支款若干，應俟訂購妥叶工程完畢時由總經理具報

51

(四)

請再行審核追認

總經理臨時提議(一)嘉西工程代管費自第[常]十六次董事會議決撥歸總經理即嘉開始向嘉西索列代管實際費用茲據嘉西開來帳項自廿四年一月份起至是年十一月份止在本公司合同外錢施工期內共用代管費洋玖仟餘元之除本公司付洋陸仟元外尚欠洋叁仟餘元又自廿四年十二月份起至本年二月底止十五個月期間共用代管費洋捌仟餘元之除本公司付洋貳仟之外尚欠洋陸仟餘元但在合同外錢未完之前該項工程人員謂之為嘉西可謂之為代管部份亦可故在此際

所用之代管費欠款撥不付給至廿四年十二月份起迄本年二月底止所用之代管欠費因本公司工務科久不組成接收以致華西公司久管久墊故此項墊費惟轉飭充撥請大會商酌付給請衆公決（二）本公司自議決撥充設備添購新機後原有之一千啓羅瓦特發電機二部因民生公司盧總經理撥款備價購買以作開辦紗廠之用當時本人曾經鄭重考慮以為賣去舊機即以此款再買四千五百啓新機一部不必增加鉅量資本不必添購廠地即可合原有新機兩部配成一萬三千五百啓發電廠一座為將來公司事業發展開用兩部

52

尚有一部作為預備防免機器失靈之虞，後設新擴充增加一千五百啓羅瓦特發電力，殊為合標，擬即應允，但不知公意為何，請付討論。（三）本人因公務紛紜，常往來京滬兩地，公司事務無暇兼理，擬請依據公司章程添聘協理一人，俾資臂助，以收行政迅速之效。請眾公議。

決議：（一）華西公司代管費在本公司全國外線工程未完以前照開支數實為總經理計擬不予付給，自卅四年十月份起至本年[illegible]月底止計列之欠費，惟薪餉之發不無浪支致遲延之咎，實在公司可補付三萬元之由經理部向義西負責人交涉辦(二)售舊機買新機不必加股不必拓地公司亦為有利計劃縝密一致贊同交由總經理迅與交涉決定(三)總經理公務殷繁不能常川住渝而公司事務又必隨時有人負責進行茲為增加效率計當依據公司章程添聘協理一人以資輔助其人選即由本會函聘總經理提出之吳受彤君充任

討論事項

一 討論周見三董事接收義西工程報告書

決議：據報告義西所包全部工程與合同核對略

有短少增加之處兩相比較增加部份所用金額為多且發電二年修尚多故障叢生足徵善西施工精良由本會一面將報告書照抄一份送交經理部存查一面函復善西聽收完竣合約所有義務即行解除

二 討論特別公積金如何處理案

決議：由特別公積金項下提出壹萬元作為特別酬勞金酬勞董事會及經理部份最高職員之有特殊勞績者共分配給董事長潘仲三酬壹千元代董事長石倚元壹千元常務董事康心如壹千元之胡

仲實壹千元總經理劉航琛貳千元總務科長袁
玉麟捌百元業務科長劉杰捌百元會計科長
朱小佛捌百元工務科長程本臧捌百元嘉西公司
總經理胡叔潛籌办建設時对公司具有特别辛
績提請一千并由公司繼續贈送特别酬勞金以
滿五年為度此後数目仍由董事會決議已故劉科
長則君瑞身後蕭條極堪憐憫由公司開支項內
捐贈洋捌百元以示矜卹

三時五十分散會

主席石體元

重庆电力股份有限公司董事会第十八次会议纪录（一九三七年四月二十日） 0219-2-320

54

重慶電力股份有限公司董事第十八次會議紀錄

時間：民國廿六年四月廿日午后四鐘

地點：模範市場本公司會議室

出席：

康心如

石體元

周見三

胡仲實

周季悔

傅友周

主席 石體元

紀錄 閻倬雲

摇鈴開會

宣讀上次

（甲） 報告事項

一 會計科長朱小佛報告廿六年度三月份收支概况

決議：表冊已經查閱無訛存查

二 報告廿六年度全体職工警役加薪案

決議：照所擬通過，惟下次加薪必先於年度終了時加薪標準、職員成績、施行月份分別擬具報告，由董事會通過，然後實施。協理初級俸級定為二百六十元至六百六十元止，每級數目與總經理同，總經理任職已久，應晉一級支薪。

三 報告補付姜西代墊費洋叁萬元案

決議：通過。

四 報告應付姜西代管時所購存一切材料及合同外專設高低壓線各款案

決議：該項材料新舊不一，經理部可照該公司開價

目八折祘付

（乙）討論事項

一 規定董事會每月開會日期案

決議：定每月二十日為開會日期

二 商訂臨時股東大會日期案

決議：訂五月八日召開臨時股東大會除專緘通知

各股東屆期蒞會外並登報公告

三 討論技術人員薪級案

決議：交經理部參酌其他民營電氣公司待遇按技

術人員職位比較相當薪級表送下屆董事會核定

四 討論總工程師擬改変一部份擴充建築工程案

決議：程總工程師所擬改変計劃既係一勞永逸且經費增加不多即照該擬辦理惟前與美西該訂建築合約不能不略有改変請總協理与該公司商酌更改

(丙) 臨時提議

一 吳協理受彤提議成渝鐵路局用電辦法該局擬燈力不分統以三分六厘付費經商洽結果該項規約僅限於本路一定範圍以内若在其他辦公地方用電仍照本公司營業章程辦理請付表決案

決議：照章辦理

二 出售舊電燈公司廢鐵案

決議：由經理部採取投標方式擬具招標廣告及簡章交董事會核議決定期公開拍賣

三 上届董事會通過之渝瑞材料案現已與美西公司簽訂合約應先交付訂金貨價總款四分之一約洋貳萬五千元又安利洋行遞平機合約第三期付款到期亦應付洋伍萬餘元共付洋捌萬陆千餘元此款亟待如何籌付案

決議：由經理部向銀行累息借支付

五時四十分散會

57

重庆电力股份有限公司董事会第十九次会议纪录（一九三七年五月五日） 0219-2-320

重慶電力股份有限公司董事會第十九次會議紀錄

時间：廿六年五月五日午后四鐘

地點：模範市場本公司

出席：

周見三

石體元

周季悔

胡汝航

58

胡仲實
劉航琛
盧作孚 周季悔代
傅友周到

列席：吳受彤 朱小佛
主席：石體元
紀錄：閻偉雲

搖鈴開會

一　宣讀上次紀錄

（甲）報告事項

一　會計科長朱小佛報告廿六年度四月份收支概況

決議：查閱表冊無訛存查

（乙）討論事項

一　發行公司債案

決議：公司因營業發展添購機材負債達壹百陸拾萬元之鉅若在子金高昂之重慶市場下借款償付殊非合算當以發行公司債為宜其債額決發行貳百伍拾萬與公司資本總額相埒利息議

59

定月息八厘或週息一分償還期間十年或八年發行價額應在九二以上償還方法由董事會與承受人商洽辦理

二　擬訂大會程序案

決議：一　搖鈴開會

二　公推主席

三　審查股權

四　主席宣佈開會

五　董事長報告開會理由及提案

（甲）增加股本案

（乙）修改章程案

（丙）發行公司債案

六 增選董事四人

七 散會

三 招考見習生三十名以資辦事案

決議：通過招考手續及待遇由經理部擬定交下屆會議核定

四 添設化驗設備案

決議：化驗設備廠房方面極關重要當不可缺惟擬設一合理而完善之化驗室需費甚多決定暂照工务

科討擬辦理

五　組織職員儲蓄條例案

決議：由經理部擬具儲蓄條例交下屆會議核定

六　職員制服規定案

決議：關於抄表員收費員因常出入用戶住宅為統一觀瞻易資辨識起見所有服裝制帽由公司規製發給若其他職員均照規定自製可也

六時廿分散會

主席 [signature]

重庆电力股份有限公司董事会第二十次会议纪录（一九三七年五月二十日）　0219-2-320

重慶電力股份有限公司董事會第二十次會議紀錄

時間：二十六年五月二十日午后四鐘

地點：模範市場本公司

出席：

周季悔
徐廣遲
甯芷邨
石新[illegible]
周見三

吴受彤
尹国墉 王君韧代
卢作孚 周季悔代
何説岩 吴受彤代

列席：會計科長朱小佛
主席 石體元
紀錄 闞倬雲
搖鈴開會
宣讀上次纪錄

（甲）報告事項

一 歡迎新董監就職

二 朱科長報告華西開列代管時所存材料及裝設高低壓線等款計洋[illegible]遵照第一八次議決案照八折結付計應付洋[illegible]現五半已付洋[illegible]元餘[illegible]準年底分數結清

決議：照此辦理

三 朱科長報告工務科程科長建議改善一部份廠房建築計劃前經董事會第一八次會議議決照所擬辦理嗣即函請華西公司關於建議第一點不必開始

工作第（二）第（三）兩點估價函後亦擱後稱第（二）點需洋[illegible]元第（三）點需洋[illegible]元較之程科長所擬尚差不遠再與第（一）點應省款項[illegible]元品迭實增洋[illegible]元請討論案

決議：交總協理交涉辦理總以不超出此數或能減少更佳

（乙）討論事項

一 發行公司債手續如何商定案

決議：由本會將公司資產表及本會議決各要點抄寄劉總經理請其察照先向滬銀行界接洽承

63

受商訂條例以便特向實業部呈請備案發行

五時卅分散會

主席

重庆电力股份有限公司董事会第二十一次会议纪录（一九三七年六月二十四日）　0219-2-320

重慶電力股份有限公司董事會第廿一次會議紀錄

時間：廿六年六月二十四日午后四鐘

地點：模範市場本公司

出席：

石體元

徐廣遲

周季悔

盧作孚　周季悔代

吴受彤
傅友周
甯芷邨
胡仲實　甯芷邨代
何謖崖
劉航琛
何九淵

64-1

胡汝鼎列

列席總務科長袁玉麟
會計科長朱小佛
業務科長劉静之
工務科長程本臧

主席 石體元

紀錄 閻倬雲

摇鈴開會

宣讀上次紀錄

（甲）報告事項

一 劉科長靜之報告廿六年度五月份營業收支概況

決議：查閱表冊無訛存查

二 程科長本職報告擴充工程計劃原擬本年三月新機裝設四月開始發電殊因去年川江水位枯落運滬運宜之貨不能轉運來渝以致原擬計劃不克實現現在水位已漲新機材料亦已陸續運渝預計第一部機雙十節可以裝設第二部機亦可於十月底完成請鑒核備查

決議：水泥廠開工用電俟本公司舊有機器不勝負荷

各艘橋渡十節裝安完竣後並請工務科隨時協商籌西辦理

（乙）討論事項

一　經理部擬送招生通告及考委會辦事規程請核定案

決議：招生通告及考委會辦事規程均照所擬通過

二　經理部擬送標賣舊電燈公司廢鐵廣告及簡章請核議案

決議：查標賣方式至少須有數人以上之競買方可採用今舊公司廢鐵既無人爭購而價值規定

又無伸縮餘地不能每遇議價殊難達速售目的不如由經理部採取接洽方式直接與鍊鋼廠或他方接洽要價較為妥當事後再將售價報董事會備查

三　商量公司債發行條例及利率案

決議：公司債發行條例及發行利率前次臨時股東大會既授權本會辦理本會復全權授託劉總經理請劉總經理日後赴滬與承受方接洽會擬妥當後再將詳細情形及條例草案函交本會決定施行

五時三十分散會

主席

重庆电力股份有限公司董事会第二十二次会议纪录（一九三七年七月二十日）　0219-2-320

67

重慶電力股份有限公司董事會第二十二次會議紀錄

時間：二十六年七月二十日午后四鐘

地點：模範市場本公司會議室

出席：

周見三

周季悔

甯芷邨

徐維明

尹國墉（王君韌代）

吴受彤 到

石竞

康心如

何说庵

列席：總務科長 袁玉麟

業務科長 劉靜之

工務科長 程本臧

主席 石體元

紀錄 閻倬雲

搖鈴開會

宣讀上次紀錄

(甲) 報告事項

一 業務科長劉靜之報告廿六年度上期結算及六月份營業收支概況

決議：查閱表報無訛存查

二 總務科長袁玉麟報告本公司此次添購新機擴充廠房總計需款預算為壹百玖拾餘萬元前次決議僅增加

資本七十萬元所差甚鉅況原有設備後相差七十餘萬
元本年度内各月虧蝕合同付款又皆由借貸而來每
月子金為數非少平均每月約付洋壹萬餘元如以
營業收入論較之上年度略有增加平均每月約收入
洋九萬餘元但支出方面亦有相當增加平均每月約
付洋六萬餘元折舊在内股息未計每月平均約盈
餘洋二萬六千餘元不過此項盈餘現已完全撥付
債款利息究竟此項子金應如何計算處理請衆
公決以便記帳案
決議：此項子金完全係為添購新機資本不足借用

外款所致處理方法應將新增之資本七十萬元不計外其餘借款子金除至新機發電前九月底止連同關稅運費一併加入成本資產之內惟原有借款及現在發電設備所借之子金應列入管理費用不在此例

一

（乙）討論事項

美協理提議據潘董事長來函謂該軍楊參謀長伯昌因需款支拂有地皮一幅約計二百方丈緊接廠房擬欲售讓本公司現已擴充廠房收買地皮可否照價收買俾資成全請討論案

决議：本公司現正負債纍纍，無力辦此，籌款難借，擬請俟新機完成，款稍活動時，再行商設可也。

五時四十分散會

主席

重庆电力股份有限公司董事会第二十三次会议纪录（一九三七年八月二十八日） 0219-2-320

70

重慶電力股份有限公司董事會第廿三次會議紀錄

時間：廿六年八月二十八日午后四鐘

地點：模範市場本公司

出席：

潘仲三 體代

石體元

胡仲實

徐廣遲 劉叔夫代

甯芷邨
陳懷先
吳晉航 袁玉麟代
周見三
胡汝航

列席 總務科長 袁玉麟
會計科長 朱小佛

71

工務科長程本臧

主席　石體元

紀錄　閻倬雲

搖鈴開會

宣讀上次紀錄

(甲)　報告事項

一　朱科長報告廿六年度七月份收支概況

決議：表報查閱無訛存查

二　袁科長報告本公司經濟現狀

決議：本公司現在負債達壹百廿餘萬元之鉅丁茲國

戰爆發重要金融奇緊之際公司債發行既不可能銀行界放貸亦不可靠到期全同及借款又必須照约償還總協理所擬以全部資產呈請委員長行營向中中農三行保证貸款壹百廿萬元以渡難關一節诚為救濟良圖應予追認惟一紙陳訴窮處行營不明真象而總協理現不在渝擬由本會公推胡董事仲實甯董子芯即前往行營面陈公司一切情形以期得之有濟

三　程科長報告嘉西提取民生公司運到機材及有關件未能清獲情形

決議：已到未能清提各貨，民生公司既出有欠條，可函蕭面向其催促早日清還，以備工程上之使用。

四

袁科長報告本屆招考見習生廿名業已完備保證手續分派職務由。

決議：該見習生等既於本月廿五日入公司服務，其薪給不必按日計付，即自八年起優予支給可也。

72

一

(乙) 討論事項

討論職員保証儲金規則案

決議：交周董事見三審查

五時五十分散會

主席

重慶電力股份有限公司第廿四次董事會決議錄

時間：廿六年十月二十日午后四鐘

地點：模範市場本公司

出席：

潘仲三 石體元代

石體元

何競崖到

胡仲實

74

劉航琛到

甯芷邨到（袁玉麟代）

傅友周到

何九淵

陳懷先友周代

周季悔

徐廣遲

王君韌

康心如

列席：總务科長　袁玉麟
　　　業务科長　劉靜之
　　　工務科長　程本臧

主席　石體元

紀錄　閻倬雲

搖鈴開會

宣讀上次紀錄

(甲)　報告事項

75

一 裘科長報告廿六年度八九月份收文概況案

決議：表報查閲無訛存查

二 裘科長報告實業部核發本公司營業執照於昨十九日已由四川省政府轉給承領案

決議：營業執照既已奉到即請經理部尅日拍照登報公告

三 裘科長報告與寶源煤礦公司訂立購炭合同案

決議：照原合同條文追認惟須據程科長報告自水塘廠開工後廠房每日所耗煤量即須較前增加一倍約計每月當耗煤在弍千噸之上令查該合

1 同所裁寶源煤礦公司自廿七年二月一日起至十一月末日止僅月運煤一千四百噸尚相差六百噸共相差之數勢必在供煤陸仟噸之數內借用是此十個月借用結果陸仟噸之供煤已無一噸存煤可言矣茲為避免供給斷缺及受壟斷起見請經理部密切注意仍以同一價值要求保寶源按月加上或另與其他煤礦公司再訂一二萬噸以備存供或缺之时之需

(乙) 討論事項

一 職員保証規則案

二

決議：修正通過如另文

電費減價案

決議：查渝市府說明本公司新機因滬戰發生長江封鎖尚有一部無法運渝擴充發電之議不能如期實現仍以一千啓羅瓦特之發電機三部照常發電情形與前無殊此不能減價者一抗戰期間電氣事業關係於後防之充實工業之推動甚大本公司負有重慶市區供電之使命更須盡力籌集現金購備鉅量材料以作長期準備方能預防無虞若於此時令其減低電價則收入短少

何以應事機而濟虧損此不能減價其二敵自去歲作戰封閉沿海各口吾國水陸交通陷於停頓各種材料如五金燃煤等因來源斷絕莫不飛漲因之公司欲保持本身事業之不墜非實行增加電價不足以資維護故自來水廠以同一公用事業因感材料奇漲無法支持亦經呈准 省府以二角一噸之水價增至三角五分矣今公司鑒於國難之嚴重雖不能增加電價致阻各工業之進展故甯忍痛犧牲勉竭進行若再繼之以減價實難支持此不能減價其三也有此三種原

因故特請市府轉呈　四川省政府核轉　中央建設委員會鑒此苦衷在此抗戰期間准予維持原價以渡難關俟將來戰事結束交通恢復物價平衡即當遵令照減決不再延云云

又公司電價自新機發電後每度成本究攤若何請經理部飭工务科根據發電費用及發電總量求一精確數字以備核計電價之參查

(丙)　臨时提議

一　康董事提議本会前次决議優待股東電價減半案僅限於電灯一項擬將電熱比照減半優待請

請衆公議案

決議：贊成電熱比照電灯減價從十月十日起實行

五时五十分散會

主席

78

重慶電力股份有限公司第二十五次董事會決議錄

時間：二十六年十一月二十日午后四鐘

地點：模範市場本公司

出席：

劉航琛　何息容代到

何息容　到

何說岩　到

石體元

周季悔到

卢作孚 周季悔代到

潘仲三 石体元代到

宁芷邨

徐广迟

王君韧 以刘敷五代

胡世振

康心如

列席：總務科長　袁玉麟
　　　會計科長　朱小佛
　　　業務科長　劉靜之
主席：康心如
紀錄：簡倬雲
搖鈴開會
宣讀上次紀錄
(甲)　報告事項
一　廿六年度十月份收支概况案
決議：查閱表報無訛存查

二　聘任康心之先生為本公司顧問案
決議：通過

三　水泥公司自來水公司購電合同案
決議：追認

四　續與寶源煤礦公司訂立購炭合同案
決議：照合同條文追認惟上炭月日及上炭數量均須照約履行不得稍有通融致礙煤之供量

五　抗戰期間應需各項材料擬派專員出國購買案
決議：暫不派員出國由經理部先與各洋行探詢材料價格再與貿易局派往馬尼剌海防等處

80

调查商业交通归来之汪代玺先生询问情形，遇必须派遣专员时能否再派员办理由昆明函重庆间之选务而也

(乙) 讨论事项

一 刘总经理函称本公司协理吴受彤因病逝世，刻间事务殷繁，协理一职拟请以石体元董事继任案

决议：全体赞成通过，由本会备函敦聘

二 本会董事吴受彤出缺应补案

决议：查本公司创立会选出之候补董事为傅友周、吴晋航、何北衡三君，傅友周现任监察人，吴晋

航業代表公司之股權現已移轉何北衡現任省府建設廳長實居監督地位均無遞補之可能此案可暫保留俟將來開常年股東大會時再行提請補選可也

三

本年度設備新機支付子金過鉅究以十分之幾加入新機成本案

決議：以新機已付之購價及其附屬用費從廿六年一月一日起至十二月底止按實支數目及日期依照本公司所借外債平均利率折合子金總數加入新新機成本俟本年年底決標後再由董事會提議

81

酌提折舊

三 製發股票案

決議：(1) 發行股票額二百五十萬元

(2) 股票上登載已領之中央建設委員會及實業部登記執照，不必填寫號頭

(3) 由董事長、常務董事及總協理以董事名義簽名蓋章，並定於本年度發給紅息時換發

(丙) 臨時報告

一 攤派救國公債二萬元之案

決議：照攤數墊認

二　防空司令部攤派防空捐款案

決議：候防空司令部攤派辦法及數目確定後再提並討論

（丁）臨時提議

一　周董事季梅提議現值非常時期本公司負有重要市區供電使命為求事變時綫路迅速修復起見亟應對本市有電氣常識工人設法登記以備應付事變案

決議：由經理部督飭工務科從速設法登記以應非常需也

六時廿分散會

主席

86-1

重慶電力股份有限公司董事會第廿六次決議錄

時間：二十六年十二月二十日午后四鐘

地點：重慶模範市場本公司

出席：

周季悔

盧作孚 周季悔代

甯芷邨

周見三 芷邨代

石體元

87

徐廣遲

胡仲贊

胡汝麟

何謌巖

傅友周到

列席 總務科長 袁玉麟

會計科長 朱小佛

業務科長 劉杰
主席 胡仲實
紀錄 閻倬雲
揺鈴開會
宣讀上次紀錄
(甲) 報告事項
一 朱科長報告廿六年度十一月份收支概況
決議：表報查閱無訛存查
(乙) 討論事項
一 本年度盈餘分配案

決議：紅息照四厘分配，餘均照經理部所擬通過。

一 職工電費特價案

決議：查公司因值時局特殊，海口封鎖，所用材料莫不高漲，加以舊債未償，新債又增，苟不急謀整刷，決不足以資維護，故爲維持廿七年度營業及避免外方藉口計，有本公司職工用電暫行條例一律取銷，惟本市各黨政軍機關及各職員住宅半價付費原案，亦請經理部具呈，以容予以取銷，以維血本，如經理部力有未逮，再由本會推請胡常務董事、康常務董事、徐

廣遷董事輔助辦理務必取銷原案而收止

一　印製股票案

決議：照擬製式樣印製種類一股共多印百股共少印以備遇有遺失及以大劃小之用經理部肆酌辦理官紅息決定陰曆年節發給股東大會定明年一月上旬登報公告二月上旬開會股票擇擇期而與官紅息同時換發

五時五十分散會

主席 [signature]

21

第三册

0000 1

重慶電力股份有限公司臨時董事會决議錄

時間：二十七年一月二十七日午后四鐘

地點：模範市場本公司

出席：

胡汝航

王君韌

徐廣遲

寗芷邨

石揽

陈怀先 揽代

潘仲三 揽代

周季悔

傅友周

胡仲实

康心如

列席：總務科長　衷玉麟
　　　會計科長　朱小佛
　　　工務科長　程本臧
主席：康心如
紀錄　閻倬雲
(甲)報告事項
一　朱科長報告二十年度十二月份收支概况案
決議：查閱表報無訛存查
(乙)提議事項
一　董監酬勞金分配案

决议：董监酬劳金照二十二等分：配董事长常务董事各得二分其余董监各得一份胡叔潜酬劳金既有成言在先董监酬金无多即在公司常年经费项下开支职工酬劳金照经理部所拟分配案通过

一 本会董事吴受彤出缺递补案
决议：本会董事吴受彤因病逝世所遗之缺依法应即以创立会选出之候补董事傅友周继任傅友周现任本会监察人惟任期届满应于第二届股东常会依法改选

一 援例資遣吳克斌工程師赴英實習案

決議：經理部為預培人才儲為將來之用起見請援吳錫瀛前例資遣吳克斌工程師赴英實習一節照案通過

一 擬訂大會程序案

決議：(甲) 臨時股東會

一 搖鈴開會

二 行禮如儀

三 審查股權

四 公推主席

五 主席宣佈開會

六 董事長報告開會理由

七 報告事項

A 新機裝設經過案

B 防空設備案

八 提議事項

A 擬向工礦調整委員會借款二百萬元案

九 臨時提案

十 散會

（乙） 第二屆股東常會

一 摇鈴開會
二 行禮如儀
三 審查股權
四 公推主席
五 主席宣佈開會
六 董事長報告開會理由
七 總經理報告二十六年度業務狀況
八 監察人報告二十六年度帳略
九 通過純益分配案
十 改選監察

十一　臨時提議

十二　散會

五時五十分散會

主席

重慶電力股份有限公司臨時董事會決議錄

時間：二十七年二月十二日午前十時

地點：模範市場本公司

出席：

周季悔

甯芷邨

石竹軒

何說巖 任劍雲代

徐維明 王代

王君韌
胡仲實
石體元
康心如

列席：總務科長　袁玉麟
　　　工務科長　程本臧
主席：胡仲實
紀錄：閻倬雲

報告事項

一 四行聯合辦事處渝分處借款情形案

決議：四行所提條件如由渝處派員管理出納稽核帳目等事經理部既已承諾應予追認惟期限過短則與公司現狀有妨仍擬規定六年為限如限期內公司除開支及添買材料外尚有餘力應盡量償還四行至利率週息九厘本不算高祇以四行既本扶助工商業之主旨乃有貸款之舉應請求稍予減讓以上兩項統由經理部查照交涉辦理事後報由本會備查

一 行營令移電機建設分廠案

决議：為保全公司財產及維持營業能力决接受行營善意建議搬遷一千瓩兩部新機請經理部先向行營陳明隨後再辦相地購地折卸建廠等工作至所需材料訂購手續及技術人員與一切財力等問題如有困難隨時提商行營請求協助俾免困難而少阻滯

主席 胡仲實

重慶電力股份有限公司第二十七次董事會决議錄

時間：二十七年二月二十六日午后三時

地點：模範市場本公司

出席：

康心如

徐廣遲

周季悔

石體元

王君毅
胡汝航
何北衡 石竹轩代
石竹轩
傅友周
胡仲实

列席：會計科長 朱小佛

業務科長 劉 杰
工務科長 程本臧
主席：胡仲實
紀錄：閻倬雲
(甲) 報告事項
一 四行借款經過案
決議：四行所提數額予全及派員管理出納稽核帳目與夫訂約以後不得與四行以外之金融機、關往來各節經理部前會即已報告承諾當仍追認關於期間縮短至三年一層公司自審還款力量尚能擔任即照所擬還款方法辦理至利息由週息九厘改為月息九厘此在重慶市場固不算高公司為解除各短期高利貸之損失亦可遵照承認惟該四行貼放會將來利息如有低於九厘時本公司借款利息亦當照減此點應請經理部查照交涉在合約上載訂明白將來借款草約成立時由經理部商得常務董事同意辦理事後再報董事會備查

一 借款數目分配案

決議：收支無訛照案通過

一 二十七年度一月份收支概況案

決議：查閱表報無訛存查

（乙）討論事項

一　非常時期職工撫卹規則案

決議：修正通過如另文

四時五十分散會

主席　胡仲實

重庆电力股份有限公司第二十八次董事会决议录（一九三八年三月二十一日） 0219-2-321

重慶電力股份有限公司第廿八次董事會决議錄

時間：廿七年三月二十一日午后三時

地點：模範市場本公司

出席：

胡汝航

徐廣遲

王君韌

劉敷五代

周見三

周季悔

石体元

潘仲三

宁芷邨 体元代

康心如

傅友周

列席：總務科長 袁玉麟
會計科長 朱小佛
業務科長 劉杰
工務科長 程本臧
主席：康心如
紀錄：閻倬雲
摇鈴開會
宣讀上次紀錄
（甲）報告事項
一 朱科長報告二十七年度二月份收支概況案

11

決議：查閱表報無訛存查

一　四行借款情形案

決議：四行借款合約前由經理部及常務董事與四行渝分處商妥草案賫請漢總處核准俟正式印成即由董事長常務董事簽字至承還擔保人簽字一節不免困難現漢總處既已轉請工礦調委會擔保甚善即由公司同其他借款公司聯名電請工礦會簽行俾克完成手續又四行所提須同時繳銷代現券一層公司前領用代現券壹百陸拾玖萬元除現存各銀行及還財監處掉回一部外僅差

叁拾餘萬元決定請經理部向各股東銀行及省銀行商洽各借款十萬元購買繳銷日後借款入手時付還各行總稽核待遇每月薪給二百元膳宿費五十元來渝輿馬費三百元經理部既已承諾當予追認

(乙) 討論事項

一 修改營業章程案

決議：本公司營業章程施行已久現本業務上之經驗提出意思自有修改之必要惟電燈價目一項因公司特價燈太多月損約壹萬餘元且自滬戰

發動五金煤價高漲訂購材料需款較前加多此時若再減價誠恐難於維持故決定電燈價格仍當保持原價辦理至電力電熱關係工商業發展為廣招徠起見當以遵令減價為宜但電力用戶至四十萬度者每度最低不得低於三分六厘用電超過再提由董事會審議另定若專在白日用電者因目前餘力尚多其價格更與日夜用電者不同當更減低本此原則由經理部向外交涉辦理章程修改文字公推胡董事仲實傅董事友周審查下屆董會開會時提交決定

一 修改職員保證金規則案

決議：職員保證金規則既發現各條有實施困難之點即仍請周董事見三修改交下次董事會審議

四時五十分散會

主席 康心如

13

重慶電力股份有限公司第二十九次董事會决議錄

時間：二十七年四月二十日午后四鐘

地點：模範市場本公司

出席：

周見三

胡仲實

周季悔

寧芷邨

王君韌

徐廣遲 沈其蕃代

康心如 周見三代

盧作孚 周季悔代

甘典夔

石體元

傅友周 程代

胡汝航

列席：會計科長　朱小佛
　　　業務科長　劉杰
　　　工務科長　程本臧

主席　胡仲實

紀錄　閻倬雲

搖鈴開會

宣讀上次紀錄

(甲)　報告事項

一　朱科長報告二十七年度三月份收支概況

決議：查閱表報無訛存查

一 購置材料情形案

決議：遷川工廠既紛紛訂立購電契約在業務及供電之需要上自有購置材料之必要茲經理部所報購備各料情形多係已經訂購在先繼續交款者本會當予追認

(乙) 討論事項

一 本年度收支預算案

決議：本年度收支預算既係比照二十六年度決算及本年業務發展情形斟酌擬具查屬實在即照所擬通過惟關支方面仍請經理部於各項節

15

目之内再求撙節可也

一 修改職員保證規則案

決議：照修改條文通過施行期間改自本年七月一日起

一 修改營業章程案

決議：照修改條文通過從本年六月一日起實行

五點五十分散會

主席 胡仲實

重庆电力股份有限公司第三十次董事会决议录（一九三八年五月二十日） 0219-2-321

重慶電力股份有限公司第三十次董事會決議錄

時間：二十七年五月二十日午後四鐘

地點：模範市場本公司

出席：

周見三 到

何說岩 到

石竹軒 何代

0006 16

徐庭瑶　王代

王叔铭

何志浩

石觉

傅友周　觉代

胡伟克

周季協 二袁玉麟代

列席：總務科長 袁玉麟

會計科長 朱小佛

業務科長 劉杰

工務科長 程本臧

主席：胡仲實

紀錄：楊新民

搖鈴開會

宣讀上次紀錄

(甲) 報告事項

一 會計科長朱小佛報告公司廿七年度四月份收支概況

決議：查閱表報無訛存查

二 協理石體元報告公司向四聯分處辦理借欵經過及支付情形案

決議：公司辦理四行借欵事務已經完了所有支付各欵均詳列表報查核無訛存查

(乙) 討論事項

一 公司現有機力已訂售無餘擬請擴充新機案

決議：公司現有機力因遷川工廠紛紛訂約用電售罄

無餘為妥護機力安全及發展營業計實有擴充新機之必要關於擴充計劃暫訂三個標準原則以期逐步實施

(甲)決定新添四千五百瓩電機一部作為備件

(乙)關於擴充經費暫定兩個籌集辦法(一)由本會委託經理部先向四行貼放委員會接洽詳述公司必須擴充新機之切實情形請求借款如能得同意則至少擴充一部倘可多借則照程科長本臧擬具計劃最好添購新機三部(二)現時公司資產總額已達六百餘萬元之多如再添新機及綫路設

18

倘将来資產必更增多至少可達九百萬元以上而公司現有資本總額僅為二百五十萬元实不能從容應付經濟活動應有增加股本必要俾可健全公司經濟機構

（丙）上項籌劃擴充費用辦法統交由經理部分頭接洽辦理如有成議時再由本會訂期召開臨時股東大會作最後之決定

二　上海光華大學謝副校長霖甫函請公司捐助該校在蓉建築商學院講堂費用案

決議：謝霖甫先生對於公司辦理立案註冊及規劃

會計規程等事均有相當幫助且光華大學此次在川永久設校奠立樹人之基公情私誼均有捐貲必要着由公司捐助該校建築費國幣壹千元由經理部致送

三

軍政部兵工署重慶煉鋼廠籌備處函請添設輸電綫路設備案

決議：煉鋼廠擬與公司互通電流為維持本身利益自應供給惟關於新增變壓設備及桿綫敷設等費約達九萬八千元之多照公司目前經濟情形實不能担負此項鉅款如該廠能與公司切實合作則此

項設備新增費用須請其全數墊付着由經理部
函覆該廠請為辦理可也
六時三十分散會

主席 胡仲實

重庆电力股份有限公司第三十一次董事会决议录（一九三八年六月二十一日） 0219-2-321

重慶電力股份有限公司第三十一次董事會決議錄

時間：二十七年六月廿一日午后四鐘

地點：模範市場本公司

出席：

周見三 到

周季悔 到

傅友周 到

何說崖 到

康心如 到

徐广迟 到

王君韧 徐广迟代

甯芷邨 到

胡仲实

石体元

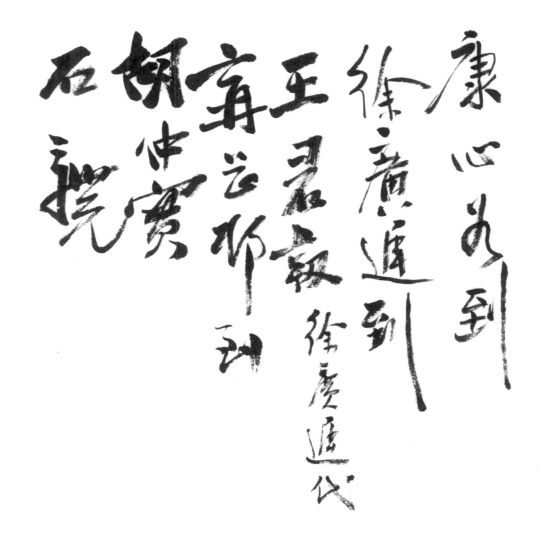

列席：業務科長 劉 杰

工務科長 程本臧

主席：康心如

紀錄：閻倬雲

搖鈴開會

宣讀上次紀錄

(甲) 報告事項

一 廿七年度五月份收支概况案

決議：查閱表報無訛存查

(乙) 提議事項

一

電力用户增加機力不勝負荷新機尚未訂購應如何應付案

決議：電力用户增加機力不勝負荷自應以訂購新機供應急需為宜惟現在外滙限制極嚴姑無論購機款資尚未籌集即或籌獲亦難一時滙出況目前滙水增高吃虧甚鉅海口封鎖運川尤難此案現時實難辦理可俟將來時局平穩視遷川工廠之去留定情形之需要再提付董事會決議訂購否也

主席康心如（康心如印）

五時四十分散會

重庆电力股份有限公司董事会第三十二次决议录（一九三八年七月二十日） 0219-2-321

重慶電力股份有限公司董事會第三十二次決議錄

時間：廿七年七月二十日午后四鐘

地點：模範市場本公司

出席：

周季悔 到

盧作孚 周季悔代

甯芷邨 周季悔代

胡仲實 到

22

傅友周 到

石[illegible] 到

潘仲三 [illegible]代

康心如 到

徐廣遅 王代

王君韌

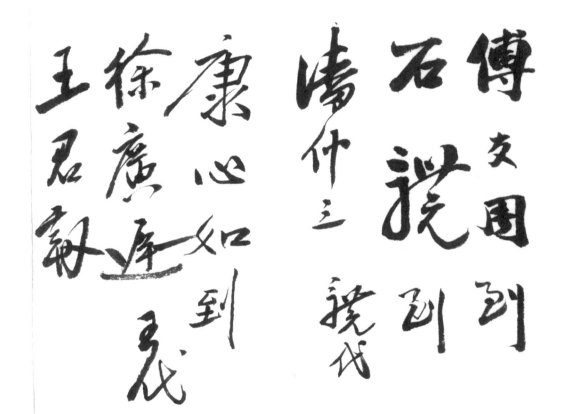

周見三到

胡世航到

列席：會計科長　朱小佛

工務科長　程本臧

主席：胡仲實

紀錄：閻倬雲

搖鈴開會

宣讀上次紀錄

（甲）報告事項

一　廿七年度六月份收支概況案

決議：查核表報無訛存查

二　臨時各項捐款案

決議：已捐各款准予追認以後如再有捐款其數額在千元以內者由經理部斟酌處理可也

（乙）提議事項

一　修正公司職員薪級表案

決議：公推胡董事仲實周董事見三傅董事友周會同經理部審查確定後再交下屆董事會

核議

五時三十分散會

主席 胡仲實

重慶電力股份有限公司臨時董事會決議錄

時間：廿七年七月二十五日午后四鐘

地點：模範市場本公司

出席：

盧作孚　周季悔代

徐廣遲

胡仲實

石體元

寗芷邨
何説巖
石竹軒 何代
周季悔
康心如
胡汝航

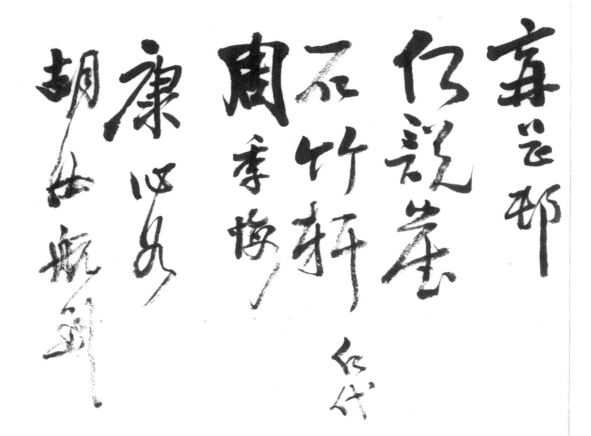

25

周見三列

列席：會計科長　朱小佛

工務科長　程本藏

主席：康心如

紀錄：閻倬雲

提議事項

一　行營令飭遷移電機一部份以防空襲案

決議：此案可分兩點辦理第一點行營顧主任前曾令飭遷移現在復奉賀主任令催勢在必行自

應遵令立即折卸一千瓩電機兩部遷移他處妥
為保藏然後再辦相地購地建廠裝安等工作所
需經費由經理部妥為擬具呈請行營補助或代
為貸借第二點抗戰期間滬漢各工廠紛紛移渝本
公司亦深知重慶電廠負國防工業推動之使命重
大現在電力已感供不應求若遷移一千瓩電機
兩部另造新廠更不合算不若增購新機另建一
大規模之分廠以應急需惟公司目前經濟拮据
達於極點既受四行合約之束縛復受財部外
匯之限制且又有訂購運輸機材等種種困難若

26

不解決一切擴充計劃皆無法進行由經理部前往行營縷晰陳明請行營惠予維持再本公司遷移機器之後在安裝未就緒以前供應能力自然減少恐各界人士不明真象深滋誤解請經理部將此情形供諸社會至已訂約之用户或解約或供應由經理部斟酌辦理

五時五十分散會

主席 康心如

重庆电力股份有限公司第三十三次董事会决议录（一九三八年八月二十日） 0219-2-321

重慶電力股份有限公司第三十三次董事會決議錄

時間：廿七年八月二十日午后四鐘

地點：模範市場本公司

出席：

劉航琛

胡仲實

周見三

石體元

何說岩 石竹軒代

27

石竹軒
胡汝航
甯芷邨
王君毅
徐廣遲
康心如

列席：總務科長 袁玉麟

業務科長　劉　杰
會計科長　朱小佛
工務科長　程本臧
主席：康心如
紀錄：閻倬雲
搖鈴開會
宣讀上次紀錄
十
甲　報告事項
一　二十七年度七月份收支概況
決議：查閱表報無訛存查

乙 討論事項

一 遵奉行營訓令擬具遷移機器辦法案

決議：經濟問題仍由經理部請求行營負責維持裝箱機器俟地址問題勘定後再行遷往保藏

一 擬請工礦調整處函四聯總處再借壹百萬元償付債款案

決議：此案分數點請求(一)借款(二)請求在上海或香港交付(三)請給外匯(四)如因買賣暗盤外匯而受有損失請以其他方法補助或允准在電力費

上加價補償損失

一　修正職員薪級表案

決議：由傅周胡三董事會同總協理及各科長審正後再交下次董事會核定至見習生待遇先決定以廿二元為最低薪給以便提前辦理招考事宜

五時四十分散會

主席　康心如

29

重慶電力股份有限公司第三十四次董事會決議錄

時間：二十七年九月二十日午后四鐘

地點：模範市場本公司

出席：

胡仲實

劉航琛

石體元

何說巖

石竹軒

傅友周
潘仲三 石[illegible]代
徐廣遲 [illegible]代
王君韌
周見三
寗芷邨
胡汝航

96

周季悔

列席：总务科长　袁玉麟

业务科长　刘杰

会计科长　朱小佛

工务科长　程本臧

主席：胡仲实

纪录：阎倬云

摇铃开会

宣读上次纪录

甲　報告事項

一　廿七年度八月份收支概況案

決議：查閱表報無訛存查惟自下月份起須加報上月份之收支比較及假決飛兩點

乙　討論事項

一　修正職員薪級表案

決議：修正通過如另表惟見習生薪級無論新舊生凡未滿二十元者自九月份起均一律給以廿元其他各級職員薪級暫照舊例支給俟年終考績時再行比照修正表分別規定支薪

級數

丙 臨時提議

一 石協理報告本公司奉令遷移之壹千啓羅瓦特兩部電機業已折卸裝箱靜待擇地遷安惟前相楊家渡之地皮距离渝市約有十五公里之遥經程科長擬定建廠裝機需款約廿餘萬元樹桿放綫費約需資伍拾萬元以捌拾萬元之鉅款建一發電分廠僅能發電一千啓羅瓦特（以另一機作備件）殊屬不值昨往經濟部與工業司吳承洛司長相商謂遷機全係政府之意本公司經濟拮、

據實無此項遷建能力若政府必欲另建分廠以策安全即請補助經費以便施工當時吳司長答稱此事政府將開會討論或可稍資補助若全數津貼恐非所能等語似此拆卸之機若政府僅允補助一小部份安建費究竟保藏或安裝請 大會公決以憑辦理案

決議：(一)拆卸之機決不安裝妥為保藏(二)政府若能補助遷建費大多數使公司担負輕微亦可照辦(三)建設分廠地址應先買定至購機問題俟由劉總經理詳密估計後再召集臨時會議

32

解决

五时四十分散会

主席 胡仲实

重慶電力股份有限公司臨時董事會決議錄

時間：廿七年十月三日午后四鐘

地點：模範市場本公司

出席：

劉航琛　胡仲實（傅友周代）

徐廣遲

王君韌

傅友周

石體元

盧作孚 西[illegible]代

甯芷邨 [illegible][illegible]代

周見三

康心如

列席：總務科長 袁玉麟

會計科長 朱小佛

業務科長 劉杰

工務科長 程本藏

主席：徐廣遲
紀錄：閻倬雲
甲 討論事項
一 寶源煤鑛公司上炭違約函請加價案
決議：照劉總經理商訂五項辦法辦理
五項辦法如下
(A) 舊約尚有壹萬餘噸未上除本公司煤倉工作未畢期間停收之煤與寶源公司因山洪暴發停運之煤外暫定作為壹萬噸尚未交付該項

條約仍繼續有效在本年九月底以前所上之煤其價格照原約結算自十月一日起再續上煤壹萬噸即作為完清舊約數價格每噸仍作十一元但因現在運費激增每噸由公司增補運費壹元即每噸煤價及代運費共計壹拾貳元正

(B)公司前代寶源公司擔保銀行借款時所訂購之煤八千噸延至二十八年五月底開始上煤如當時煤價變動甚鉅寶源得再根據屆時情形與公司商洽辦理

(C) 再新訂購煤壹萬噸每噸連同運費作價十七元自十月份與舊約所訂應上之煤壹萬噸同時平均運交分别計算價格

(D) 新舊約所訂之貳萬噸十月份起每月上足弍千五百噸十二月份起每月上足叁千噸至上足總額為止

(E) 公司收到寶源公司所交煤炭時仍照歷次條約即日付價其已交寶源之款肆萬伍千餘元仍不計息每收到煤壹噸扣除弍元伍角扣完為止

二

煤價大增依法擬加電費案

決議：燃料上漲建委會既有准加電價之規定公司可根據此法令向經濟部行營請求電燈加價三分電力加價五釐但必須先與各主管機關商洽妥當然後再具文呈請

乙　臨時提議

一

出賣一千瓩叁部舊機價值商榷案

決議：前購兩部電機與兩部鍋爐照舊時價值加百分之四十關稅及附稅加百分之十二運費每噸加四百五十元除去四年零四箇月之折舊

可得價八十四萬元又前購杭廠舊機當時去價
十二萬元除百分二十之折舊約計九萬六千元、
有人還價時再召集董事會核議
六時二十分散會

主席 徐廣遲

重慶電力股份有限公司第三十五次董事會決議錄

時間：二十七年十月二十日午后四鐘

地點：模範市場本公司

出席：

劉航琛

甯芷邨　周季悔代

徐廣遲

王君韌

何說巖

石竹軒

石竹轩

周季悔

周見三

石[illegible]

康心如

胡汝航

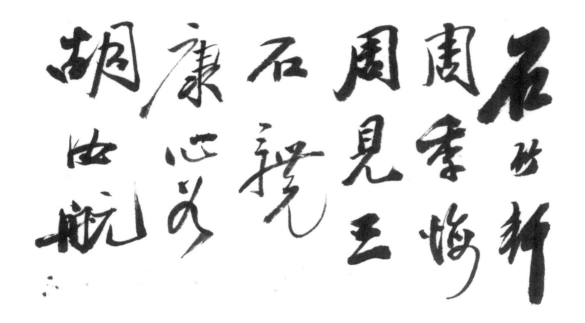

列席：會計科長 朱小佛
　　工務科長 程本臧
主席：康心如
紀錄：闞倬雲
搖鈴開會
宣讀上次紀錄
甲 報告事項
一 二十七年度九月份營業概況案
決議：查閱表報無訛存查
二 續訂購炭合同案

決議：煤炭為公司每日不可或缺之燃燒品銷量至大若僅向一煤礦公司訂購應用假遇山洪暴發運道阻斷必致有不接濟之時引起嚴重恐慌經理部以每噸十八元向三才生訂購每日上五十噸三箇月為期之燃煤以備不虞本會當予追認惟第二部新機不久即將開始發電每日需煤、更鉅請經理部再向三才生或其他公司續訂八箇月之購煤合同以資存濟

乙　討論事項

一　覆議電費加價案

決議：前會議決電燈加價三分電力加價五厘係根據工務科每噸漲價六元之計算現在煤價已每噸漲至十八元較原訂煤價已超出十元仍有繼續上漲之勢若照此計祘公司吃虧過鉅決定將前次決議案改變另由工務科照現與三才生訂購煤價計算最高不得超過百分之三十最低不得少於百分之二十由經理部照此辦理

二 新購電機及讓售新舊機案

決議：公司除奉令折下兩千瓩舊機新機僅有兩部至本年十二月即皆開始發電若至明年三四月工

廠用電機力即已不勝負荷且洗刷鍋爐必須停工勢非新添機爐不可經理部擬以讓售二千瓩舊機購買四千五百瓩新機一部以資替換而增電量應予照辦惟須先將舊機出售確定換得二萬八千餘鎊之外匯後再與安利商訂購買新機合同如為向財部請外匯便利起見亦可兩事同時進行俟商辦有頭緒時再提交董事會決定

五時四十分散會

主席　康心如

重慶電力股份有限公司第三十六次董事會決議錄

時間 二十七年十二月廿日午后四時

地點 模範市場本公司

出席

傅友周 到

徐廣遲

王君毅

甯芷邨

胡仲實

本日因出席人數不足流會

重慶電力股份有限公司第三十六次董事會決議錄

時間 二十七年十二月二十六日午後四鐘

地點 模範市場本公司

出席

傅友周

甯芷邨

胡仲實

石體元

周季悔 甯代

陳懷先 傅代

潘仰三 石民代

康心芝

胡汝航

列席

工務科長程本臧

業務科長劉　杰

會計科長朱小佛

主席　胡仲實

紀錄　許幼田

報告事項

(一)二十七年度十一月份收支概況案

決議　查閱表報無訛存查

(二)續向四行借款辦法案

決議　壹佰貳拾萬元借款經石協理一再交涉結果四行既允照借現經濟部復來函囑向四行接洽借用即請經理部先行將款借入以應急需至經濟部

暨四行切盼本公司將股本加成伍佰萬元一節本會
贊同此旨提案請托臨時股東大會解決
（三）審核南岸應急分廠預算案
決議　分廠建設經程總工程師提出之預算約為廿
叁萬餘元即請經理部照預算範圍辦理
六時散會

主席　胡仲實

重庆电力股份有限公司临时董事会决议录（一九三九年十二月二十八日） 0219-2-321

重慶電力股份有限公司臨時董事會決議録

時間 二十八年十二月廿八日午后二時

地點 曾家岩誠實山莊本公司

出席 [illegible]飛

浦心雅 [illegible]代

石體元

胡仲實
周見三
甯芷邨
劉航琛 石孫代
周季悔 甯代
徐廣遲 周壽民代

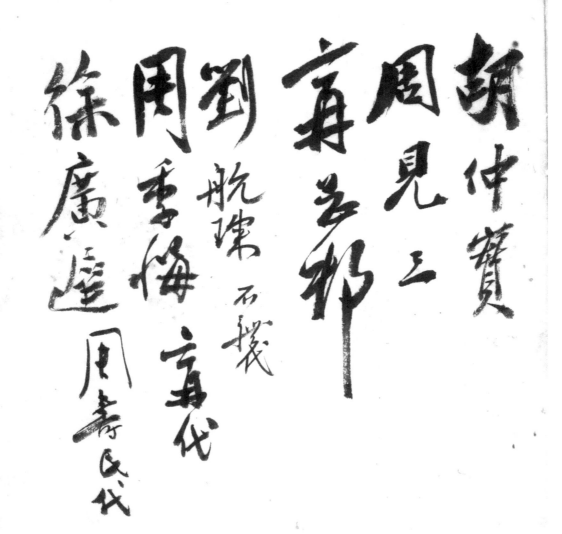

46

康心如

列席　秘書室主任陳銘德
總務科長袁玉麟
會計科長朱小佛
工務科長程本臧
業務科長張　玠

主席　胡仲實

紀錄　許幼田

報告事項

一、報告經濟部會議加價情形案

本協理報告電費加價前經屢呈經濟部及市政府最近復具呈國防最高委員會軍事委員會行政院以是經濟部昨特召集有關係各機關開會討論公司方面由本人暨各科長出席同時列席者除經濟部歐陽崙師司長張覺人科長工礦調查處張礼门處長燃料管理處朱伯陶處長諸人外尚有市政府吴華甫局長潘廷梓科長及內政部衛戍部兵工署各代表當日公司方面對於電費過低燃煤缺乏及請政府補助三項詳細呈陳說

後即暫時退席經經濟部與市政府聯席會議結果以公司方面關於數字表報尚有未齊俟表報齊後再行訂期集會討論其實公司方面以發電度數抄見度數為重要數字早經呈報特發電度數因強竊及線路漏損為關係與抄見數字未能吻接再公司燃煤缺乏米處長允酌量補助至補助費一項張處長以所關甚鉅政府不能開此特例恐難為繼特將會議情形摘要報告

決議　一切表報既經照呈俟再召集開會後再為討論并由公司致函市參議會說明電費增價之切要請胡董事仲實康董事心如向當局說明公司困難情

形促其實現

二、報告投保兵險情形請決定辦法案

襄科長報告本公司財產投保兵險昨遵董事會決議函中央信託局接洽除詳細情形詳具簽呈外茲特摘要報告如次據信託局稱該局承保本公司財產僅限於機器不能保線路保額可自二百萬乃至三百萬投保二百萬保率六元以九折計算如保三百萬其中一百萬須增加保率百分之二十五保期三個月查本公司財產約值三百五十餘萬元究應如何辦理請　大會公決

決議　公司財產投保兵險三百萬元保期三個月請

經理部即日由中央信託局商洽簽訂并交涉先期交款即日生效後辦手續

三、報告現在負債及應付各款情形請决定辦法案

石協理報告查公司應付各款總計二百九十萬另七千九百元計長期借款一百五十萬另八千元此即四行借款本息短期借款四十一萬六千元即中國實業重慶川鹽川康各行借款及暫存各款又應付合同各款共九十八萬三千九百元就中有安利遠平機合同之三十三萬六千元拔柏葛鍋爐合同之一十四萬元六合公司建築合同之二萬二千九百元安利材料合同之七萬五千元其餘尚有關稅運

費三十萬元安裝新鍋爐材料十一萬元以上各款共計一時即須付出但目前急須者約計有一百萬元若舉債勢非提供抵押品不可在公司方面現祗有以新購機器及材料等權作抵押之用至攤還方法公司現在每月收支已感不敷再舉新債照例必按月攤還本息更屬不易辦到須電費增價案解决乃能按月抽提若干若加股又感覺手續繁重究應採取何種應急辦法應請

大會核定

决議　暫行舉債以應急需即請經理部預將借款額數及抵押辦法攤還方式分別詳為擬具再提報本會

決定

討論事項

一、討論改訂組織大綱概要案

理由　石協理説明公司因歷年執行事務之經驗於組織人及人事方面宜加以調整前經報告本会在案茲特擬具改訂組織大綱除原文冗長俟另案詳陳外先擬定組織系統表一份有須特加説明者公司組織除原有各科仍舊外增設秘書稽核兩室并成立購料委員會由五委員組成之原有四科之長均兼任委員并由四常務董事公推一人主持一切科室以下各

股畧有調對而人事則完全由舊有人員分别配担任

至詳細組織大綱俟整理完竣再提請審核所擬是否有當請本會決定以便施行

決議　照所擬改訂組織大綱表式通過

二、討論應否承購華西銅線案

理由　右協理說明公司所有積存銅線近因中央銀行工程全部用罄現華西公司有銅線一批寄存本港計重八萬餘磅約值四十餘萬元查此項銅線原係華西代自井鹽務稽核所訂購因工程中止未經起運者公司現值經濟困難籌備鉅款固屬不易惟此項銅線

為公司急切必需之材料尚欲購而不得幸能購到價值亦較便宜應否承購請本會公決

決議　銅絲為公司所必需自宜購置以備緩急惟因運輸困難責任較大請經理部與華西商洽如能分購分運再為進行

三、討論年終職工酬報案

理由　石協理說明查公司舊例每屆年終工友係發雙薪一月而職員紅酬則須開股東會後始行發給本年因時局關係由會計方面決算必屬純損勢無紅酬可言然公司全體人員在敵機轟炸之下努力工

作若全無表示似不足以資激勵對於年終職工酌撥究應如何處理請本會公決

決議　本届年終公司職工着暫借支薪三月

四、討論卅九年度職工加薪案

理由　石協理說明本公司職工加薪每於年終舉行先由主管人員分別考績以為晉級之根據前因敵機肆虐公司職工曾有加薪之請董事會許以俟至年終再行討論並就公司現狀觀察頗感困難本不應將加薪案提出惟經理部居於領導職工地位擱置復有所不可用特提請本會公決

51

決議　本年公司職工雖困苦努力職務仍照舊例先行考績由經理部核定晉級辦法提由本會公決

五、討論應否加入興業銀行股本案

理由　石協理說明關於興業銀行問題目前該行各籌備委員召集各工商團体談話謂該行目的端在扶助農工商等社會事業之發展並各方面加以贊助又徐次長與本人談及亦頗希望本公司參加現在公司經濟困難雖然為日後與該行往來計可否加入股本請公決

決議　興業銀行股本視其他企業組織加入與否再爲決定

六時散會

主席　胡仲實

重慶電力股份有限公司第四十七次董事會決議錄

時間 二十九年一月廿日正午十二鐘

地點 曾家岩誠實山莊本公司

出席 周季悔 胡仲實 石體元 [illegible] 寧芷邨

浦心雅 沈[illegible]

劉航琛 石體元

徐廣遲 [illegible]

王君韌

列席

市政府代表潘科長廷梓

稽核室主任温之章

會計科長朱小佛

工務科 程本臧

53

秘書室主任陳銘德

主席　胡仲實

紀錄　許幼田

報告事項

一、報告廿八年度十二月份收支月報表案

朱科長報告廿八年度十二月份收支概況

決議　查閱表報無訛存查

討論事項

一、討論二十八年度決算案

理由　朱科長就決算表說明廿八年度決算

情形計得毛利拾柒萬弍仟餘元惟官息尚未扣除究應如何處理請　大會公决

石協理堉帶説明公司於廿八年度因裝安南岸分廠機器及建設新村打洞等工程約計共用去拾萬元此等費用為求公司資產之確實决不能視作資產之一部又據業務科報告用戶電錶因市區屢遭轟炸除損失確數現正進行清理外現計損失概數約有二千個之多因於以上兩項工程費用及電錶損失究應如何處理請公决

决議　於廿八年度所得毛利内將新資產之用費

全部削除并由會計科另立電錶損失準備金科目每個電錶以值六十元計提出十二萬元作二千個電錶損失之準備金日後視電錶清出之個數再照數撥回

二、討論臨時借款案

理由　右協理說明據會計科結算公司於廢曆年終連應付合同款項保險費運費煤費及各銀行短期借欵六合公司尾數共需壹百貳拾叁萬伍千餘元前經本會決議由經理部進行商借藉渡難關近與本地各股東銀行接洽幸得同意允共借壹

百萬元惟抵押一項各銀行要求以新購機器鍋鈩作抵并因四行借款合同關係各銀行擬請公司與四行商洽關於通融以新購機器鍋炉鈩作抵押一点節交換一書面俾完手續至償還方式各行要求廿五個月平均還清以公司現狀論实無此力量勢須待加價案解決始有辦法關於借款問題究應若何辦理請公決

決議　請經理部向四行說明公司需款之急切借款之必要務請其承認通融以新購機器鍋鈩作新借款之抵押并請四行董事協助進行

三、討論移裝一千瓩電機案

理由　程科長說明公司現存大溪廠房一千瓩之電機因鍋爐不合式致發電效率僅及百分之六十現大鑫鍊鋼廠因鍋爐發大且須用公司電力擬請公司將所有一千瓩電機移裝該廠發電備用查公司一千瓩電機在廠房發電因鍋爐關係固不經濟然移裝大鑫輒須數萬元爲公司利益計亦非濟策是不如將該項電機評價售給大鑫則兩方均較便利矣是否有當請　大會公決

決議　爲公司利益計該項電機自以出賣爲宜

即請經理部向大鑫接洽視究能出價若干再提本
會核定

四、討論石協理辭職案

理由　石協理說明本人辭職動機除詳陳書面外尚有亟須補充者此次辭職既非畏難亦非圖暇豫主要原因固由近來多病難資應付他如公司開支之日漸增大必補助費及加價問題之努力半年未見成功也內部改組工人之橫生枝節也凡此數者皆覺心有所未安故不如退避賢路之為愈

決議　全體懇留請在常務董事盡量協助石協

56

理處理公司事務並電劉總經理請於月內返渝主
職工反對用電組改隸問題請程總工程師負責開
導制止
三時半散會

主席　胡仲實

重庆电力股份有限公司第四十八次董事会决议录（一九四〇年二月二十日） 0219-2-321

57

重慶電力股份有限公司第四十八次董事會决議錄

時間 二十九年二月廿日午后二鐘

地點 曾家岩誠實山莊本公司

出席 康心如 徐廣遲 劉代 王君韌

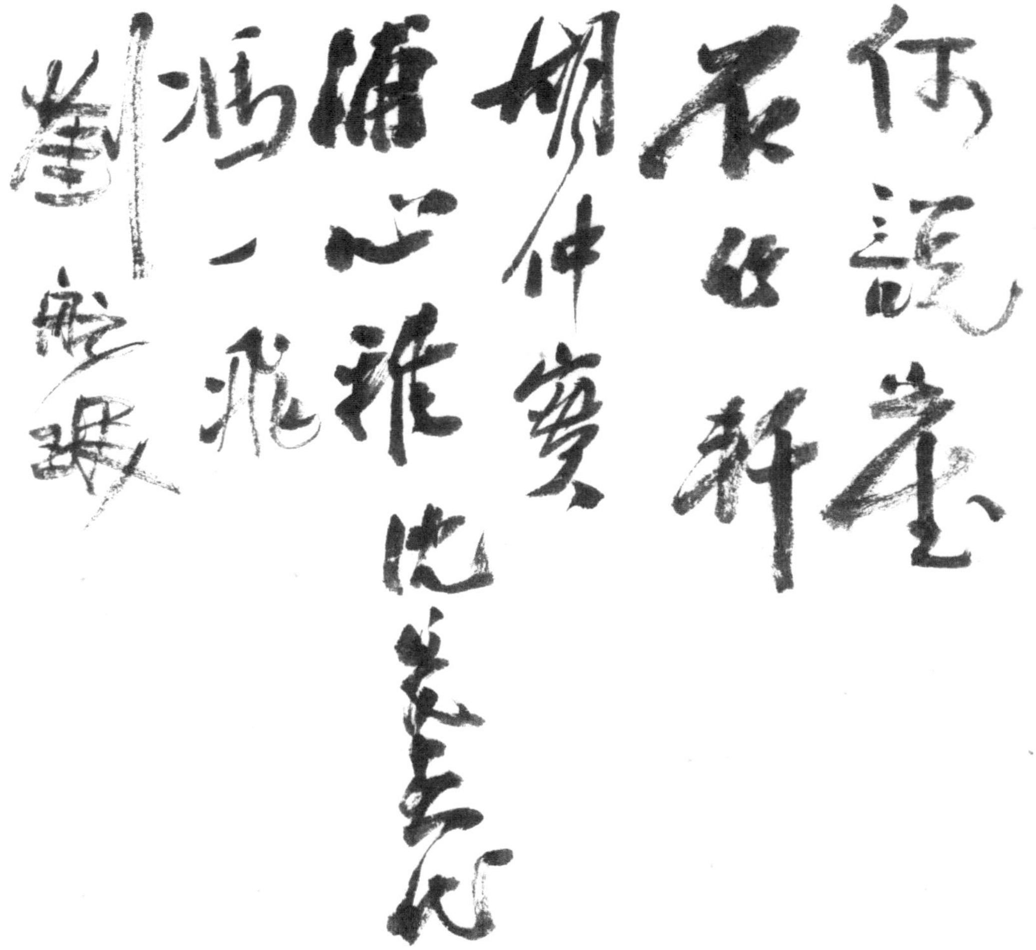
何說庵
胡仲實
馮一飛

58

潘昌猷

潘益民

李慕蓉 潘益民代

列席

稽核室主任温之章

秘書室主任陳銘德

購料委員會委員劉　杰

總務科長袁玉麟

會計科長朱小佛

工務科長程本臧

主席 康心如
纪錄 許幼田

報告事項

一、報告廿九年度一月份營業情形案
袁科長報告一月份公司營業概況
決議 俟表报製齊再提本會存查

二、報告本月底應付各款情形案
朱科長报告本月底应付合同各款及各銀行短期借款情形
決議 請經理部籌辦

59

討論事項

一、請核定召集常年股東會日期案

衷科長說明本公司第四届常年股東大會例應早日召集惟因種々關係致未舉行應請將日期決定以便登報通告及分函各股東

決議 二十九年三月廿五日午後二鐘在曾家岩誠實山莊本公司召開第四届常年股東大會

二、請審定渝鑫即大鑫購買一千瓩舊機案

程科長就渝鑫購買舊機草約逐條說明是否有當請 大會審核

決議　渝鑫購買一千瓩舊機草約關於簽約後撤卸機器期限及撤卸後存廠期間責任問題應請經理部向渝鑫商洽改訂即簽約後該項機器須於四個星期內開始撤卸一經開始撤卸後本公司對於該項機器僅負保管之責不負空襲損失之責其他各條照原草約通過

臨時提議

袁科長提議石協理此次請假赴蓉臨行前本公司工人代表團於年終給獎事曾以書面有所請求據稱公司於廿八年度因敵機轟炸受損頗鉅前於舊

曆年終准予借支一月薪金仝人等至深感激惟現值非常時期百物昂貴且自來水公司同屬公用事業廿八年度全体職工均予給獎三個月擬懇照該公司辦法再增給兩個月薪金藉資激勵云々石協理因行期匆促特囑代為提請　大會討論究應如何辦理請公決

決議　本公司年終職工酬勞歷年均照本公司章程及中央建委會規則辦理每屆年終工人給獎職員分紅獎金一項勿論公司營業之盈虧均須給與故以前工人於年終予給獎金一個月至

職員經酬須營業確有盈餘始能照章分配兩者性質迥不同也惟現值抗戰期間生活高漲且各職工每於轟炸之下努力工作廿八年度公司營業雖無利可言為鼓勵各職工計 工人方面連前借支薪金一個月共給酬金三個月職員方面連前借支薪金一個月共給酬金兩個月逐給予職工酬金照廿八年十二月之應領薪金支給但此種特別給與辦法適用於非常時期以後不能援以為例

主席 康心如

61

重慶電力股份有限公司臨時董事會決議錄

時間 二十九年三月六日午后三鐘

地點 曾家岩誠實山莊本公司

出席 周見三 到
周季悔 到
康芸[illegible] 到
胡仲實
潘心[illegible] 沈[illegible] 代

邵一飛　沈芙生代

康心如

潘益民

李蔓參　潘益民代

徐廣遲　鈕代

王君韌

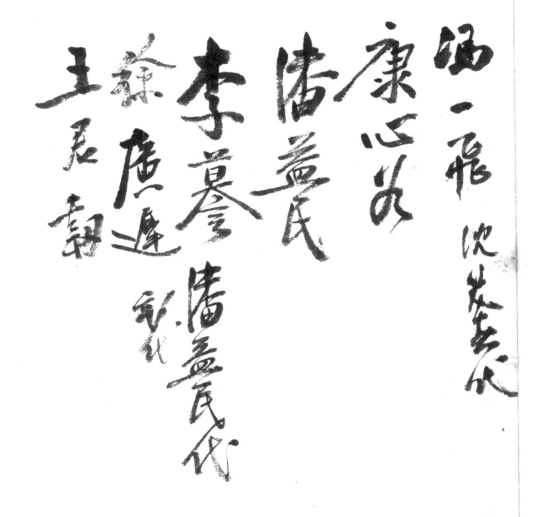

62

列席　主任秘書陳銘德
　　　總務科長袁玉麟
　　　會計科長朱小佛
　　　工務科長程本臧

主席　康心如

紀錄　許幼田

討論事項

一　討論經濟部批答加價案

決議：（1）先行接受經濟部命令自三月一日起實行新電價，惟呈覆經濟部須附帶聲明此次所加價額公司困難未解決除容易案呈請辦理至應行注意五項在可能範圍內亦儘量遵辦(2)經理部再依據四十元煤價標準加入公司經常開支並於收益內再提去折舊等項精確求一不蝕本加價數字印送各董監參考以便下次集會時研討加價方案至加價案經過情形再由經理部將呈文批令分別先後次序逐一油印編號秘送各董監查閱(3)電表保証金因經濟部須分別新舊用户加增而渝市舊用户已達最高額新用户不多此案可暫不接受

63

請總經理先向經濟部說明金額太少不足作電表之保証再由經理部具文力爭(卅)將本公司董事會歷次會議紀錄印送各董監以備查考

臨時提議

一 討論四行續借壹百萬元案

決議：續借條文照前借款合同辦理另辦新抵押品清單一紙及分期還款清單一紙至前欠兩月本息為維持公司信用應即付還

一 討論取銷特價案

决議：查國府移渝各部院會及各省駐渝機關莫不援例請求特價以致公司年損拾陸萬餘元之鉅殊足影響公司之經濟請經理部列具特價用户電費損失表向經濟部請求㈠停止新户特價㈡縮小舊户特價範圍

一　舊機出售案

決議：若渝鑫公司能照廿一工廠出價卅一萬元并能將款一次付清自應賣給渝鑫否則當以出售廿一工廠為宜

一　劉總經理請假三月案

64

決議：公司事務石協理不久返渝既主持有人劉總經理請假三月一節可無庸議原函請袁科長送還

五時五十分散會

主席 康心如

重庆电力股份有限公司第四十九次董事会决议录（一九四〇年三月二十日）　0219-2-321

重慶電力股份有限公司第四十九次董事會決議錄

時間　二十九年三月二十日午后三時

地點　曾家岩誠實山莊本公司

出席

周季悔

康心如

胡仲實

馮一飛

65

徐廣遲 彭代

王君韌

浦心雅 沈笑春代

石體元

周見三

康心如

列席　總務科長袁玉麟
　　　會計科長朱小佛
　　　業務科長張　珩
　　　主任秘書陳銘德
主席　胡仲實
紀錄　許幼田
報告事項
一　朱科長小佛報告二月份月報表案
決議：查閱表報無訛存查
一　石協理報告經濟部批答本公司電費加價施

66

行日期係指定從三月一日起惟經理部對此不無困難如以三月份現收票據為標準實際等於提前一月加價雖可多收數萬元但票據必須全部收回另製不惟勢有不能且收費難免與用户發生糾紛如以三月份應出票據為標準辦理手續雖較簡便但糾紛仍不能免且收數亦有損失如以三月份用電為標準三月一日前照原價計算三月一日後照新價計算雖公司收入受損但辦法公允似不致引起許多糾紛究應如何辦理之處請　大會公決以憑遵循案

決議：三月份用戶用電數字照新加電費計收

如用戶抄表數字有跨用二月份數字即按照抄表日數平均截斷分別照新舊電費、折收

一 報告潘董事長函託石董事體之代理董事長職務案

決議：通過

一 胡常務董事仲實報告前准董事會函在石協理請假期中公司事務暫由本公人主持現在石協理既經返渝視事本人責任業已解除

67

特此報告不另函達

決議：報告悉

討論事項

一 討論石協理辭職選人接辦案

決議：石協理現代理董事長雖辭去協理職務但對公司事務並不置身事外仍能照常維助情真意摯應即照准至繼任人選以本公司發起人及籌備處時代之工務科長傅友周先生為最相宜請劉總經理徵得同意後即報請常董備函敦聘

一

討論股東會議程案

決議：一 搖鈴開會

二 行禮如儀

三 公推主席

四 主席報告到會股東户數及權數

五 主席報告開會理由

六 總協理報告廿八年度營業狀況及本屆決算情形

七 監察人報告審查廿八年度決算書

八 改選監察人

68

九 臨時動議

十 散會

四時五十分散會

主席 胡仲實

重慶電力股份有限公司臨時董事會紀錄

時間：二十九年四月一日午后三時

地點：曾家岩誠實山莊本公司

出席：

周見三 浦心雅 沈笑春代

周季悔 甯芷邨 周季悔代

石體元

傅仲三 石代

康心如 見三代

傅昌猷 石代

陈怀先

列席：總務科長 袁玉麟

會計科長 朱小佛

工務科長 程本藏

业务科长 张 玠

主席：周季悔
纪录：阁倬云
提议事项
一 欢迎新选监察人就职
决议：全体鼓掌欢迎
二 欢迎石代董事长就职
决议：全体鼓掌欢迎
三 总经理报告聘任协理情形
决议：先由本会备函送达再定期欢迎

四　總經理報告借款及售機價款用途情形

決議：收支相符照案通過

五　討論經濟部核定電表押金桿綫補助費案

決議：照經濟部規定電表押金數目太小實不足保障電表之安全桿綫補助費亦不足抵償現時材料騰價之損失且此項公司已按實質照七折收取補助費若遵令公佈定必引起前繳者糾紛決定再呈經濟部查照本公司原案核准并先由經理室妥爲交涉一面商請浦董事分頭向經濟部接洽務期有效

六　報告售妥一千瓩奇異機及鍋爐案

決議：既經售妥當予備查惟該機對四行有抵押關係可先函四行請其諒允並請浦董事向四行代為疏解

七　公司機材是否續保兵險案

決議：值此非常時期公司機材無論兵險如何增加均應續行投保以保無虞該中央信託局保期既滿請仍向局續保第二期可也

四時四十分散會

主席

寫